U0863352

《宋史研究丛书》（第四辑）编辑委员会

顾　　问（按姓氏笔画排序）

王曾瑜　乔幼梅　朱瑞熙　李锡厚　陈　振

胡昭曦　高树林　郭东旭　黄宽重　裴汝诚

主　　编　王菱菱

副 主 编　王晓薇　王晓龙

编　　委（以姓氏笔画排序）

王善军　邓小南　包伟民　刘秋根　李华瑞　张希清

杜建录　肖爱民　杨　果　杨倩描　汪圣铎　陈　峰

姜锡东　程民生

◆ 本书出版得到教育部省属高校人文社会科学重点研究基地河北大学宋史研究中心和河北大学历史学强势特色学科建设经费资助

◆ 本书系河北省社会发展青年课题“南宋高宗朝宰辅传记补正与研究——以《宋史》为中心”（201204047）成果

◆ 教育部2010年度青年基金项目“《宋史》宰辅传记补正与研究”（10YJC770059）阶段性成果

前　言

許翰（約 1055 或 1056～1133），字崧老，拱州襄邑（今河南睢縣）人。登元祐三年（1088）進士第。宣和七年（1025），召為給事中，上書時相，請罷雲中之役，修邊保境，與民休息。中書舍人孫傅因論高麗入貢勞民傷財被罷，許翰上書言孫傅不當黜，落職，奉祠。欽宗即位，復以給事中召，尋改中書舍人、御史中丞。許翰反對割讓三鎮，力薦种師道可用。後拜同知樞密院事，因督責种師中解太原圍兵敗身死等，為言者所論，罷職奉祠。高宗即位，以宰相李綱推薦，許翰復為尚書右丞兼權門下侍郎。李綱為言者所論罷相，許翰求去。陳東被誅，許翰求去益力，提舉宮觀。紹興三年（1133），卒。《宋史》有傳。

許翰通經術，著有《論語解》、《玄解》、《春秋集傳》等，多散佚。今所見其文集《襄陵文集》為清人輯佚本，篇幅僅為原書之半。

本書是對許翰文集《襄陵文集》的點校整理，其經學著作如《玄解》已有今人劉韶軍點校本（收錄於《太玄集注》，北京：中華書局點校本，2003），校勘精當，故此次整理不予收錄。至於許翰其他已經散佚的經學著作，限於時間、精力，也未予以輯佚，此次僅將清人王梓材、馮雲濠所編《宋元學案補遺》中的《春秋集傳》輯佚條目予以收錄。但此輯佚本問題不少，一是不注明佚文出處，二是文字缺乏校勘，且並不完備。

本書整理過程中，河北大學宋史研究中心的王曉龍師兄熱心提供了許翰佚文《還書已領帖》的電子文本，通過網路結識的許翰的一位後人則提供了珍貴的家譜資料，特此表示感謝。

由於整理者水平有限，本書肯定存在諸多不完善的地方，敬請廣大讀者不吝批評指正。

點校說明

一、許翰文集的通行版本，主要是四庫本系列的“襄陵文集”，我們在通校了四庫全書文淵閣本和文津閣本後發現，文淵閣本和文津閣本文字上互有優劣，但文津閣本對於“虜”、“賊”、“夷狄”等文字的改動比文淵閣本嚴格。所以此次整理許翰文集以臺灣商務印書館影印文淵閣四庫全書本“襄陵文集”為底本，以北京商務印書館影印文津閣四庫全書本為參校本。

此外，整理過程中主要參校了下列史籍：

［宋］趙汝愚：《宋朝諸臣奏議》，上海：上海古籍出版社點校本，1999；

［宋］徐夢莘：《三朝北盟會編》，上海：上海古籍出版社影印許涵度刻本，2008（參校清袁祖安排印本、影印文淵閣四庫全書本、影印文津閣四庫全書本）；

［明］黃淮、楊士奇：《歷代名臣奏議》，上海：上海古籍出版社影印明永樂本，1989（參校影印文淵閣四庫全書本、影印文津閣四庫全書本）；

［明］解縉等：《永樂大典》，北京：中華書局影印本，1986；

［宋］熊克：《靖康要錄》，十萬卷樓叢書本（參校影印文淵閣四庫全書本、影印文津閣四庫全書本）。

二、本書校勘，以對校為主，擇善而從，為保持底本原貌，除明顯誤字如己已巳之類予以逕改，書中出現的俗體字、異體字一般不予改動。宋人避諱字予以保留，清人因避諱而改動文字如曆（歷）、丘（邱）之類，則予以逕改。

三、本書校勘記直接作於頁下，其中所補文字用〔〕標出。

四、今本《襄陵文集》為清人輯佚本，筆者在整理過程中，又從諸書中輯得許翰佚詩、佚文多篇，與許翰一些相關資料作為附錄。

目　録

襄陵文集·卷一

制

蔡佃除待制制為點對玉嬰神變經

朕祇若天命，開明道機。嘉與羣生，共蒙休祉。制為真簡，備著靈文。歷選時才，是正謬誤。逮觀奏御，咸極精深。某官生於名家，席其素業。文學之譽，聲動膠庠；辦治之能，風生郡縣。比自合宫之貳，陞聯祕殿之華。成書既刊，賞渥宜懋。遂参法從，是謂異恩；益厲猷為，[①] 往膺寵奬。

虔州坑爐火齊之才可承信郎制為自備才力不借官本賫到浄利依格補官

勑某：地有珍産，爾能發之以佐國用，在法當録。勉爾力以聽官使。可。

邵護為父陣亡可承信郎制

士有伏節死事，不得身受典賞，則子獲承之，所以明恩而起信也。俾秩以官，用勸忠順。往服恩榮，圖所以報。可。[②]

---

① “厲”，原作“勵”，據文津閣本改。

② “俾秩以官”至“可”，文津閣本、《永樂大典》卷 7327 無。

金重寶等授承信郎制

邊吏無良，羌戎弗率。靖夏失守，覆我嘉師。朕心憯焉，不忘震悼。深詔執事，厚録其孤。俾秩以官，用慰伏節。惟忠惟孝，往服恩榮。勿忝前修，祇若予訓。

節度使郭仲妻姪陳乞補承信郎制

朕於殿巖之臣，加厚其老而勤恤其亡，猶以為未也。至其族姻，多俾甄録而爾蒙澤焉。往飭其躬，以聽官使。可。

蕃官男為父陣亡補承信郎制

勅某等：朕以仁覆天下，欲息兵甚。間者夏賊擾邊，師不得息，至使豪俊創壽於鋒鏑①，忠義伏節於原野，非朕志也。故深詔執事，録死事者之子孫，厚厥寵秩，稱朕所以哀矜之意。可。

周江呈試武藝補承信郎制

有司以爾武力聞，朕臨觀便殿，挽强蹠勁，可官而使。往祇寵命，圖所以報。可。

---

① “創壽”，原作“制壽”，據《永樂大典》卷 7327 改。

策移訛授承信郎制①

邊吏言爾去戎即華，忠効純白，有力於軍。旌爾以官，往其圖報。

屈兒授承信郎制②

爾能勤事伏節，精白著明，而弗獲受賞，朕甚矜之。秩爾以官，用勸忠順。

待詔沈明補承信郎制

爾服勤禁苑，積有功績③。寵以官使，往虔勿懈。可。

林致和修造所有勞並補承信郎制

勑：爾等祗服禁嚴，有勞可録。膺兹寵秩，往懋事功。可。

---

① “策移訛”，原作“策伊克阿”，據《永樂大典》卷7327改。
② “屈兒”，原作“綽爾”，據《永樂大典》卷7327改。
③ “功績”，原作“功緒”，據文津閣本改。

黄宴賓可承節郎制

爾能深入谿洞，斬馘醜虜，陷鋭不顧，傷夷可矜。秩以官榮，厲厥忠勇①。

蕃官莫延豐納土補承節郎制

盛時普覆，遠人咸賓。谿洞阻深，籍土來請。嘉爾首奮，忠孝精白。被以恩華，往為榮耀。

太學生充大晟府製撰葛庶幾補迪功郎制

爾以太學諸生，業文游藝。隸職樂府，詞采可觀。既閲歲時，當蒙差録。登于初秩，往厲修能②。可。

郭蔓之等並可閤門宣贊舍人制

爾父為國虎臣，茂建帥節③。出捍邊圉，入護殿嚴。蔚有勞能，宜蒙壽祉。奄云淪謝，朕甚悼焉。俾録諸孤，用示勤恤。或增爾秩，或躋爾職。咸膺異數，往紹遺衷。可。

---

① “厲”，原作勵，據《永樂大典》卷 7326 改。
② “厲”，原作勵，據《永樂大典》卷 7325 改。
③ “帥節”，文津閣本作“師節”。

胡㤝轉遥郡刺史制

比命元樞，宣威西夏。分遣官吏，充備使令。逮此罷司，咸蒙序績。爾釋軒墀贊相之職，而膺郡符刺舉之榮。是謂異恩，毋忘報効。

耿自求鹽課轉官制

有司言爾能督縣吏，勸耕鹵壤。抑末業之民，使著於本，不惟鹺利是通。懋進厥官，用疇祇敏。

王履轉官制轉行朝議

非法則天下之分不定，非德則天下之志不通。朕執成憲，以御多方，而時因人心，有所施予，所以示德也。爾子持國使節，願還任子之恩，以進爾官。雖詭著令，朕方務惇孝治，安得不委聽焉。可。

朱芇轉官制監察御史前任修肇基發祥宫了畢

維伊雒之山川，閟祖宗之弓劍。宜伸福禄，益佑神靈。是考祠宫，用嚴像教。規摹大壯之制，謳歌長發之祥。不日告成，[1] 有嘉時敏。肆敷斯

① "不日"，原作"不曰"，據文津閣本改。

寵，懋著厥勤。爾以一時之英，嘗總百工之事。其增榮秩，益厲修能[1]。

時道陳轉官制

爾揚國使節，董振一路。攝總茶事，僅踰歲年，則商賈阜通，貨賄滋殖。逋負之民，爭輸不絕，可謂能矣。疇用進官，以示褒厲。

待制王本轉官制提舉京畿應副燒宣德樓琉璃等[2]

勑：朕新宮城之象魏，重邦國之威靈。工師効能，郡縣共職。獲曜臨彼四海，用祗若予一人。凡與有功，咸宜受祉。某官頃揚使節，實總畿封。甓甃所資，甄陶必濟。嘉爾經營之力，疏茲優渥之恩。疇以寵榮，往其膺保。可。

石思轉官制為應副宣德樓催促東南路木植

勑：朕新宮城之象魏，重邦國之威靈。工師効能，郡縣共職。獲曜臨彼四海，用祗若予一人。凡與有功，咸宜受祉。某官以爾比膺登擢，往使東南。能出窮山之材，以奉凌雲之構。有嘉幹濟，是錫寵榮。懋厥進修，圖夫報稱。可。

---

① “厲”，原作“勵”，據前文改。下同，不另出校記。
② “宣德樓”，原作“軍德樓”，據文津閣本改。

李宗旦邊功轉一官蕃官藏布轉兩官制

疆場之事，金革時交。數級論功，是亦彝典。往膺榮秩，圖報厚恩。可。

爾以長技，為國捍邊。上功幕府，疏榮增秩。為爾種落光寵，使咸知忠順之利。可。

都壕寨履正大夫藍安民修置積水轉官制①

敕：先王制地之法，溝洫澮川與田壤錯，氣有所導，水不羨溢。後世田非古制，河渠簡少，而又官吏玩常，不以時濬。故歲或一水，則民被其災。爾某官等比受詔旨，相觀高下，疏川導滯，以利甸服。計不愆素，役不告勞。懋進厥官，用序爾績。可。

防禦使曹澤等轉官制

敕：因事著能，臣隣所務；計功疏寵，君道之常。某官識度敏明，材猷强濟。比將詔旨，以董事功。決塞有方，經營不日。亦何愛於榮秩，以加賁於成勞。厲爾忠勤，副朕眷獎。可。

---

① "寨"，原作"塞"，據文津閣本改。

勅王宗望等制

勅：因事著能，臣隣所務；計功疏寵，君道之常。某官識度敏明，材猷強濟。比將詔旨之嚴，往視河渠之役。逮茲底績，實與有勞。亦懋官榮，用疇忠力。可。

楚拉等轉官制

眷言戎索，久壯邊威。靜則為國藩籬，動則為軍掎角。第功論賞，豈限彝章。

張域轉官制

瀘南郡縣，華戎錯居。土多曠而弗耕，俗率獷而未擾。比召邊吏，募民為兵，授田以籍，教之耕戰。使財用內足於疆陲，而威聲外震於蠻貊。庶幾南服，恃以阜安。爾以材猷，克將使指。經營鎮撫，躋登厥緒。奏功來上，朕甚嘉之。懋進榮資，用勸忠力。

李宗旦邊功轉官制

爾出服戎弨，歸數軍實，而以多獲聞。進秩躐等，往旌忠力。

蒙山等邊功轉官制

險道傾側，且馳且射。風雨罷勞，饑渴不困。凡戎之長技，蕃堡皆有焉。征西之役，大兵銜加之以衆，而蕃堡以其長技與之毒逐，故戰無不克。今國家賞爾於此，則少褒矣。不立奇功以自著，其亦何以報哉？夫能去戎即華，又能承天下之威，首奮而有功焉，是皆王靈之所宜嘉。懋官一等，以厲忠順。

知延安府劉延壽轉官制

勅：祖宗以來，關陝之間，鼓鐵為幣，民習安之。而比年郡縣法令益弛，無以權物，錢遂大輕。用詔司存，以時矯革。某官克祇成命，並警列城。來奏敏功，取先諸道。市不敢貢，以順指令。家無或殊，咸適志願。有嘉所列，懋進爾官。夫治民以康阜為功，而事君以忠信為德。勉終諧允，務稱褒榮。可。

廉訪使者羅宇轉官制

勅：朕有作猷，付之郡縣。凡奏功於同日，則列爵而普疇。矧在使華，可無褒厲。爾選於近著，省彼列城。攬鄜延之奏功，首關陝之諸道。嘉爾董振，錫賜恩榮。茂進厥官，益祇乃事。可。

孔弼邊功轉官制

作制戎城，襟帶西陲。屯兵嚴固，據賊要害而版築告成。莫或犯獮，將必有師旅震疊捍衛之勤。爾能於此，馘其酋豪而第功焉。① 超遷厥秩，用勸忠力。

李紹邊功轉官制

朕設爵賞以待功，吏以狀聞，小大必録。往膺斯渥，益懋爾能。可。

侯中立宣司結局轉官制

西方用兵，郡縣被其勞。今天誘戎心，釋兵請命。朕因時制宜，詔使邊吏保疆，與民休息。而大臣具列爾等給凡軍事，有功前日。肆增爾秩，以休厥勤。可。

屬遣近輔，經畧遠人。威武屢揚，羣醜既屈。豈特將吏之外捍，亦繄司存之内勤。爾等咸以時材，典斯禁帑。實濟戎務，使無乏興。懋進厥官，用疇爾事。可。

---

① “酋豪”，原作“首豪”，據文津閣本改。

曹鼎等邊功轉官制

古人有言曰：武功以顯重。今爾僅獲二級而躐進四官，未有顯功而褒賞已重矣。往思所以為報，將何如哉？

夫國恩無窮，而人之所受各以其分。爾等尚能計爾之功，觀爾之賞，必將竦懝而思所以報矣。

窮蜀絶徼，蠻夷雜居。羣吏圖功，矢石屢接。爾亦於此第賞入流，往服恩榮，尚懷忠報。

王淵為修兎原河轉官制

日者大河南齧廣武，以危清汴。爾父疏兎原河，又為直河，殺水之怒。黄濁比徙，頻河郡縣無決溢憂，都城晏安，俱賴其力。進爾之秩，用示褒嘉。《詩》不云乎："維其有之，是以似之。"爾其勉焉。可。

中書舍人梅執禮神霄宫進書轉一官制

朕定奉神霄，宏賁珍館。著為憲令，祗若神休。鬱彼琅書，陳于几閣。某官才高文富，學優識明。頃在宰司，實與次之①。逮茲奏御，不廢疇庸。往服明恩，益圖遠業。可。

① "次之"，文津閣本作"論次"。

穆沃攻討轉官制

勑：夏人敢桀，築偽永强軍以闞邊，環慶出師擊破之。將吏有功，可咸甄序。可。

勑趙福等制

黠羌不靖，屢犯芻蕘。邊吏捍禦，使無大侵。數級計功，咸使叙進。可。

勑安祥等制

將吏出境，交綏獲級。邊書上功，無不褒録。賞小為明，是以軍志。可。

勑姚廉仲等制

夏賊玩武，築城屯聚，以闞邊利。臨以天下兵，蕩析不保，咸使書功。可。

范秘趙子游轉官制

勑某人等：事無不可輯也，難在輯事而不擾於民；官非不可取也，要在取官而無愧於國。茶法、馬政行於秦蜀，爾等實贊使事，以濟辦聞，朕甚嘉之。懋官一等，以旌其能。顧朕深居法宮，瞻望參井之間。去國萬里，將明德意。屬在使軺，其各誠乃心。禮佐厥長，往思所以奉事而不擾者，則多取予官而無愧焉。

趙永亨等轉官制

朕覽邊奏，第功肆賞。爾以天壕原功，進秩二等。往膺恩榮，務盡忠力。

勑封承彦制

帥司言爾以伏兵逆敵，軍無失亡而有獲焉。俾進厥官，以厲餘勇。

勑劉彦勳制

疆陲有警，將吏論功。名在捷書，慶賞斯下。欲人知赴敵蒙利之速也。

高𠌫轉官制為六朝寶訓告成①

祖宗至意，典册具存。比詔儒臣，聿修先訓。爾某官克祇于事，躋登厥功。逮奏成書，有嘉勤力。懋陞榮秩，增重横班。往服恩華，益圖報稱。

詹事轉官制為任發運使日改宫觀及德士等事

朕不愛爵賞，以待天下之能有功者。盖以狀聞，則必差録。爾某官奉使江淮，取寵頻繁，致位光顯，可謂能矣。今又計爾冠巾出衆，使州處於宫觀，無或拒違；又籍其西方之具，輸銅縣官，綜是六州之功而增厥秩焉。資清職近，觀聽所榮。益厲猷為，以圖報稱。可。

都水丞榮嶷等轉官制

勑某官等：官吏奉事，不廢職也。而比年以來，輕重胝勞每加賞焉者，所以示厚國家之恩，豈有量哉！爾等前日廣武諸役，力捍大河，使不為敗。咸序其績，懋官以勸。是維寵渥，往其欽哉！可。

畢桓等轉官制

勑某官等：盖聞樂出於虚，而成於和。天下之治，至於幽明之德交歸，

① “告成”，文津閣本作“書成”。

而飛潛之類無間，此樂之道，帝王公孤之任也。其在於器，有數有度，節奏有文，則學士大夫之所講明，有司之所持循，職業必有所萃矣。爾等咸以時材，與聞樂事。建定鐘律，旅陳陛庭。臨觀有嘉，金石諧婉。懋官一等，用示褒寵。

王曦轉一官制為差管押大理國進黄馬赴闕①

遠人進馬，爾護其行。來自嶺海，有勞可序。進官一等，往其祗服。可。

劉植等轉一官制

勑某等：朕網羅放失舊聞，開解汪洋奥義。垂詔萬世，作為一經。汝等各以精博之能，與有編削之績。成書来上，嘉歎不忘。俾進厥官，以作爾寵。

种師周等邊功特轉官制

勑具官某：朕用兵西夏，還師奏功。凡共武服，多所甄録。爾增秩有差，莫匪優恩，尚圖忠報。

① “赴闕”，原作“赴關”，據文津閣本改。

程唐磨勘轉官制

在昔唐虞，道宥天下。而時稽庶績，黜幽陟明。文理密察，則以定治。某官聯華從橐，偃鎮鉅藩，盖寵顯矣。而有司所謹伐閲，有考序遷。維公國之典彝，不可廢也。

武兗國邊功轉官制

勅某：爾獲一虜而進官一等，此國之厚恩異賞也。不有後效，何以報稱！

入内鄭惠轉官制

爾久事朕，克謹誠德。出入禁闥，朝夕歷年。其福當介於神明，有穀可詒於子孫。比考成書之績，肆推奕世之恩。往祗爾躬，毋怠嗣訓。可。

河東採斫木植李宗等轉一官制

勅：朕作新象魏，臨莅寰區。曾是棟楹榱桷之材，伐取巖巒谿壑之秀。嘉車航之沓至，紛斧藻之並興。逮此考成，可忘褒序。爾等各揚厥職，以濟斯功。有勞可矜，有績可録。咸增榮秩，往服明恩。可。

提舉修建宣德樓張懷寶等轉官制

勑：維時觀闕，重國威靈。既底新成，不忘賞勞。以爾克祇厥事，用濟成功。有嘉庸能，俾進資秩。欽承以報，往惟懋哉。可。

孫珪重傷部三百人折外亡失二十五人轉四官制

勑某官：盖聞行疑賞所以示厚也，爾將士卒，多所失亡，而邉吏以爾重傷聞。姑援賞秩，庶觀來効。可。

著作郎劉間修建秘書省道德院管勾文字轉一官制①

朕觀羣倫而施化，各附所安；攬道德以為宗，皆原於一。用宏府寺，肇建司存。曾是作興稽考之煩，屬爾疏明敏卲之助。成勞既奏，序績宜先。茂進榮資，於昭寵獎。可。

辛彥宗移修殿前司轉一官制

勑某官：總提虎旅，祇護龍墀。壯厥攸司，新茲庶宇。克共是役，既奏爾功。懋以榮資，往其承序。可。

---

① “省”，原作“有”，據文意改。

潼川路提刑蒲卣修城轉官制

勅某官：眷彼蜀道，控于潼川。董燕師以完城，既新巖邑；考盟府之藏典，加賁勞能。爾鬱以時英，遠揚使節。懋建矗雲之固，雄開歷井之觀。擢以殊榮，寵茲時敏。

王貴修宣德樓了畢轉官制

勅：爾等祗服役事，作新端闈。典賞既行，勞能咸序。遥總兵團之重，往增軍籍之華。益慎攸司，毋忘寵奬。可。

登疇等修完成都府倉庫營廟等畢轉官制①

勅某官等：成都之重，實控巴蜀。曾是府庫倉廩、犴獄郵傳、營屯祠宫，規摹未宏，氣象無觀。穿漏圮夷，積不繕治。無以發錦江、玉壘之勝，而壯虎牙、② 蝥蠹之威。肆詔有司，作而新之。民不告勞，策不愆素，則爾等與有勤焉。疇庸進秩，國有彝典。可。

---

① “成都府”，原作“城都府”，據文津閣本改。

② “虎牙”，文津閣本作“虎威”。

陳良弼為六朝寶訓書成及職事修舉可特轉階官二等制

六聖明謨，萬世祇若。渾爾唐虞之典，既奏册書；粲然河洛之文，永膺寶鎮。肆錫寵褒之數，大疇贊協之勞。眷予邇臣，蔚有多績。用因先訓，並進榮資。某官忠勤自將，明敏衆服。周旋省禁，密勿殿嚴。内承詔令之傳，外總事功之衆。朕所親倚，人鮮儷儔。盖靡勞而不宣，亦何紛而不理。懋極武階之峻，式昭眷禮之隆。往慎猷為，益承周渥。

徽猷閣直學士應安道轉官制為平江措置開濬江浦作田

勑：眂功行賞，國之典也。比詔有司，作治江浦。庶盡地力，俾無遺利。今以大田數萬頃奏，使其名與實賓，則宜賞與功稱。某官爾守平江，實總斯役。夫吏舉其職，則邦國可富，萬民可養，百物可生，凡古所謂事功之勞者無乃在此。懋進爾官，用勸本務。可。

高公純轉官制為河東保甲司糴到斛斗備邊

勑：四海之脊，界于太行；二寇之衝，制在全晉。屯兵於烽堠宴清之日，積粟於囷廩狼戾之時。此國家鎮撫之至權，而使事經營之先務。爾某官克奉詔旨，遂寛顧憂。儲峙一方，課最諸路。其懋横班之寵，用增持節之華。益念報忠，勿替祇敏。可。

鄒清轉遥郡制

夫以曼纓之士，積横戈之勞，登于正使，列在大夫，盖寵榮矣。至於遥領郡刺之重，非有奇功，國不轉授，而爾以累賞得之，是謂異恩，其可以思報矣。

李宗為措置河東路採斫木植除直秘閣制

勅：圖書之府，英儁所儲。籍通其間，世以為寵。爾選于朝著，遣以使華。能悉乃心，以稱朕意。陞聯延閣，增賁輶車。益厲事功，[1] 往祇眷倚。可。

孟昌齡復官制

禁從之臣，恩禮所厚。其負瑕玷，每懷滌除。某官夙有勞能，服在寵顯。昭姦弗至，詿累維公。於稽典彝，未應甄叙。朕嘉爾勤，承業匪懈。俾還故秩，爰示殊私。益圖事功，是維報稱。

迪功郎上官宏邊功换授忠訓郎制

爾以貲為郎，而邊臣奏功，具名來請，朕弗之逆也。而改爾之秩，以

① “厲”，原作“勵”，據文津閣本改。

從武列。尚圖報効，毋忝寵榮。

劉仲武乞以管軍恩例與男鎧閤職制

武臣而隸職上閤，盖華選也。爾父帥邊，以汝來請，朕弗逆而授之。往思祇慎，求稱寵榮。可。

罝勒斡斯結等制

爾能奮迹於蕃豪，而効忠於帝室。數當戎寇，以佐邊兵。朕亦何愛于一官，以慰爾向慕之心，而厲爾勇悍之氣也。蕃豪族姓，天資純固。一識忠義，守不可移。武悍驍果，邊兵賴焉。爾力戰既久，寵階已高。其膺郡刺之榮，兼總戎轄之重。往思力効，以報異恩。

勑孫珪等制

朕用兵西方，嘉士大夫之積勤。論多第功，鮮不甄録，而爾與焉。爾其無以施之為易，而不思報也。

勑王仲寧等制

軍政以誅大為威，賞小為明，此善志也。朕覽邊奏，第功行賞，而不汝遺焉。庶幾明無不昭矣。[1]

勑趙進等制

振旅言還，奏功沓至。涣班爵秩，敷錫恩榮。爾與在軍，膺此差録。惟忠與勇，往報所蒙。

勑向世信等制

寇盜之警，時政所嚴。捕討之功，國典攸重。有司言爾有斬刈劇賊、撫降羣醜之勞，久未褒叙，其不可以不圖矣。

秦湛修道史制

朕緬懷高真，風槩可考。詔修信史，傳載厥遺。必擢國華，俾贊編削。以爾文學英博，克自發聞。秩之以官，服在兹選。寵渥之異，士類所矜。其往欽承，以副褒厲。

① “昭”，文津閣本作“照”。

襄陵文集·卷二

制

占城國進奉使蒲畢率等加官制

朕承列聖之丕圖，撫重熙之昌運。際天所覆，奉國稱臣。爾等起於遐方，服我至化。占風雲于律呂，知中國之可朝。絶山海於梯航，奉遠珍而来貢。觀光有慶，率禮無違。嘉斯純固之誠，被以光華之秩。往欽寵數，歸榮異邦。

蕃官謝邁格等制

爾等躬率種族，為國捍邊。元戎奏功，屢進厥秩。今兹論賞，復加厚焉。尚識殊恩，徃思効績。可。

勑鄒子崇制

朕念遐陬，務推遠德。揚威闢國，據有要荒。保險成城，綏靖疆埸。克濟作興之役，有嘉轉漕之勞。逮此奏功，不愆素策。宜增爾秩，以勸恊恭。

勑李佐等制

夫出陷堅鋭而入受寵褒，此壯士從軍之志，亦盛時治邊之法也。爾等名在捷奏，事當賞典。各增榮秩，以厲遠猷。[①]

鈐令結篤夫人制[②]

邊圉之俗，寇戎有警，則雖家人婦子皆能攝弓而馳。爾某人任子種族，以錫命于朝廷，蓋亦寵矣。其佐家策勳，為國捍敵，慕古馮冼，忠義一心。

吕仙翁封妙通真人制邵州栖真觀

朕嘉與斯民，偕之大道。凡兹仙隱，[③] 有載冊書[④]。司存来祈，寵褒必下。某人匿景藏采，遠跡遐方。逮建福庭，適當芨舍。歎兹符契，錫以號名。神其不忘，尚監休渥。

趙忠經畫偽洪夏軍推賞制

爾從功偽洪夏軍，無所斬獲，因師奏功而蒙賞焉。其服異渥，往思後圖。可。

---

① “厲”，原作“勵”，據文津閣本改。
② “鈐令結篤”，原作“策凌結”，據《長編》卷520元符三年正月戊寅條改。
③ “兹”，文津閣本作“厥”。
④ “有載冊書”，原作“有冊載書”，據文津閣本改。

閻政制[①]

凡樂道在朝廷，而器使在有司，董夫製作，必有所屬。爾久以敏强，總提庶工。樂事告成，宜有褒厲[②]。兵團使指，是惟異恩。往祇厥官，懋承寵渥。

宋知本制

服膺素業，委質高真。宜簡厥修，以厲于衆。與兹列職，秩在殊庭。各禋乃心，往輔予化。

何貴制

在《易》之《師》曰："左次無咎，未失常也。"夫能提軍深踐戎境，而無所失亡[③]，是亦有功矣。可。

蔣猷等禮制局討論親耕親蠶典禮重修鹵簿成書推恩制

三王臣主俱賢，治符天造；六經禮樂為急，化在人為。朕躬攬羣英，

① "閻政"前，文津閣本多一"勑"字。
② "厲"，原作"勵"，據文津閣本改。
③ "失亡"，原作"失忘"，據文津閣本改。

藻拂庶事。肇稱墜典，勑備盛儀。庶幾緝熙，比隆古昔。厥惟雋德，克右丕圖。某官節高搢紳，名重朝著。詩書砥礪于素業，議論經濟乎衆宜。措事有年，① 成書屢奏。芝車載耒，上應農祥；鞠服繅盆，下登繭税。一正旗鑾之衞，更知皇帝之尊。文物粲然，昭膺至此②。雖從槖文昌之貴，功不自言；而盟府冊封之公，賞安可廢？徃增崇秩，用稱褒嘉。

民有儀則，自天秩之。保神國之經綸，因人情而興物。故禮樂有所定著，則風俗與之推移。朕觀萬化之原，發彼至理；接千歲之統，飭以彌文。期商周之比隆，度漢唐而不録。嘉與綿寓，共兹極功。乃眷賛襄，不忘褒厲。某官剛大静重，宏遠邃深③。涵養詩書，粹于德器。雍容表著，肅然典刑。多士克生，是乃周家之慶；君子有穀，豈緊魯國之宜。蔚為世臣，望于時雋。折中羣議，躋登丕彛。其仍秘殿之華，徃冠近班之選。並增崇秩，④ 用示殊恩。懋爾猷為，永斯譽處。

道者萬物之奥，唯聖人有以開明；禮者皇極之門，待盛時而後興起。朕總攬英俊，圖回治功，不敢遑寧，凡以為此。眷我祖宗之積德，奚翅百年；宜俾國家之鴻名，首稱萬世。是興文物，以被寰區。乃惟爾能，有相朕志。某官經仁緯義，轢古切今。方覽輝於隆昌，以撫壮而超詣。凡纘之事，必底于勲。屬憲度之彌文，多討論之是正。若予元老，惟國師臣。祉惠無疆，⑤ 匪直大功之數十；纂修勿替，遂成《曲禮》之三千。克嗣先猷，惟爾敏德。蓋父子世濟而咸懿，君臣體一而相成。往冠從班，懋增清秩。恩榮至寵，褒厲惟公⑥。

---

① “措事”，原作“錯事”，據文津閣本改。
② “昭膺”，文津閣本作“昭庸”。
③ “宏遠”，文津閣本作“宏達”。
④ “崇”，文津閣本作“榮”。
⑤ “無疆”，原作“無彊”，據文津閣本改。
⑥ “厲”，原作“勵”，據文津閣本改。

唐恪等勅令所進明堂大饗視朝頒朔布政儀範成書制

勅：朕規摹禮經，考宫以合五室；本原詩頌，式典以靖四方。月視吉朝，歲修親饗。荷帝暉之降格，撫天運於隆平。制為金玉條理之文，備著天人統和之節。眷言編削，嘉爾討論。具官某等褒然儁良，服在禁從。董兹大法，蔚有成勞。理事咸章，文辭並飾。策書奏御，莫匪遠猷；明典疇庸，不無近比。懋進高華之秩，往膺褒厲之榮①。可。

勅史徽等制

明堂之頌曰："儀式刑文王之典，日靖四方。"夫刑必因典而生，而典常待刑以成。是以唐虞之世，伯夷降典，折民惟刑，明其一體不可離也。今朕肇建合宫，咸秩墜典，而有司勅令格式之書具焉，刑而成之也。嘉爾討論，相與文物，懋官序績，用示寵褒。

修龍德太乙宫及紫宸垂拱文德等殿官吏有勞觀察使康弼等制

勅：朕外建殊庭，以承天寵；内嚴祕殿，以重國威。輪奐攸資，工技並飭。董凡役事，屬我邇臣。體環極之光明，用宏兹賁；考斯干之嘉喜，無疆惟休②。屢奏成功，可忘褒序。某官器能宏達，思術精深。進承清穆於

① "厲"，原作"勵"，據文津閣本改。
② "無疆"，原作"無彊"，據文津閣本改。

燕閒，退總繕修於崇構。蟠根錯節，咸蒙斧藻之容；璇題玉英，坐改神奇之觀。粲然百度，興于歷年。宜懋進於榮資，用寵光其庶績。往惟祇慎，永保恩華。可。

敕：上棟下宇，重門擊柝。皆神明通於《易》象，而法度著於禮經。朕之作室，考宮本原，無乃在此。不蕩于巧，不侈于費。其維體國，是以靖民。某官久以敏材，膺兹煩使。董振庶役，祇若予工。肆用旌爾之勞，而訓爾以度。往思褒厲，自壽寵榮。可。

朕外建殊庭，内嚴秘殿。屬凡役事，越有能臣。屢奏成功，可忘褒序？以爾服在禁密，具見才良。進承清穆於燕閒，退董繕修於崇構。粲然百度，興于歷年。宜懋進於榮資，用寵光其庶績。往維祇慎，永保恩榮。可。

敕蘇侁等制

役事有嚴，成勞屢奏。涣班爵秩，褒厲庸能。勿懈爾勤，往承厥序。可。

敕康份等制

庶工偕作，咸精其能。華構屢成，不愆于素。肆推典賞，用慰積勤。以爾材術自將，事功必濟。嘉兹多績，厲以榮資①。往祇厥官，益圖其稱。可。

① “厲”，原作“勵”，據文津閣本改。

勑耿申之等制

接高真於福庭，朝羣工於秘殿。翼然華構，飾此盛容。乃眷作新之功，用錫寵褒之數。以爾强力匪懈，奉令弗渝。久以材猷，懋膺器使。成勞屢奏，庶績有嘉。爵秩彌榮，臣工是勸。可。

馮躬厚等禮制局推恩制

學士大夫明乎先聖之道，修之於家。而際會休明，作興禮樂。躬與論撰，發舒所懷，其必有以樂乎此矣。策名增秩，可謂至榮。往祇厥官，益勤乃事。禮樂之文，載籍雖缺。討論有定，制作可觀。某官久以材猷，與兹典策。其懋遷於榮秩，以褒厲於成勞①。

王瑜施衍等為建築縣寨推恩制

朕聞夔道西南，荒山曠林，綿亘相屬。日者吏建以為可城，而有益廣王略，使蠻日蹙。思州之役，亦既告成②。凡與有勞，咸使差録。被之寵秩，以新邊圉之觀。可。

---

① “厲”，原作“勵”，據文津閣本改。
② “告成”，文津閣本作“告功”。

冬祀赦崔貴妃曾祖贈太傅制

勑：爾從千騎萬乘之嚴威，奉四海九州之嘉薦。受休太室，謁欵清壇。彩仗淵回，恩書汗渙。曾是寰區之遠，咸被蕃釐；豈繄房掖之先，可忘褒序？某官肇開華緒，夙厲素風。雖功德陰積而難知，繇福禄豐興而可見。確乎若華嵩之有麓，幽然如江漢之初源。深固可存，遠大無盡。廟食百世，位間三公。其膺錫命之新，永作神明之佑。可。

曾祖母贈燕國夫人制

福生有基，匪兹一日之積；禮得其報，至于三公之隆①。美在閨門，榮生邦國。豈非羣情之至愿，是亦逢辰之極休。某氏誠明在躬，俊良是匹。眷儀刑之既遠，家法尚存；撫慶澤以如新，風流未泯。屬受釐于泰疇，肆疏壤于燕山。用侈爾封，益昭厥德。可。

祖贈太傅制

朕揚鴻烈而章緝熙，定宗祈之大典；剖神符而合靈券，受蕃祉於廣庭。撫民力之普存，灼天心而可見。慶澤之下，無遠不蒙；錫命所加，有幽必格。某官受天粹氣，為國良臣。逮事祖宗，克共省闥。宜被神明之眷祐，流為裔胄之光華。鍾此聞孫，蔚為近輔。極褒嘉之殊禮，著積累之深仁。位間公師，名光綸綍。不亡之壽，服我寵靈。可。

---

① “三公”，文津閣本作“三世”。

加贈太師制

蜀莊之貞操不改，顧隨和何以加諸；于公之陰德既多，知子孫必有興者。思古人而莫見，諒天道之猶存。其敷渙號之榮，以發幽光之閟。某官躬保良貴，心渾太初。雖高位榮名，不奮揚於既往；而流光餘慶，終焜燿於方来。克有聞孫，① 作我碩媛。追崇顯號，擢在宗公。宜申錫於天姻，俾益膺於帝祉。若稽有典，詒極維垣。英爽不忘，歆承無斁②。可。

祖母贈楚國夫人制

報本反始，莫重禮經；愛親明賢，是惟政幹。朕既明禋郊廟，敷佑海邦。念本始而不忘，人誰無此；惟親賢而加厚，物適有宜。某氏以雞鳴警戒之誠，居鵲巢積累之業。是興家室，以遺子孫。靄慶譽之未央，知蒸嘗之不輟。表兹南海，侈爾新封。尚英爽于神明，克欽承于寵渥。可。

父贈太師制

朕承正日之履端，奉三年之大報。秬鬯泔淡，宗廟顧懷；璧玉光華，壇畤昭格。函蒙諸福，敷錫多方。眷言懿戚之英，彌茂寵光之數。某官純心復古，素履發祥。鴻漸昌時，鳳騫近著。是生碩媛，来輔皇家。環珮有儀，自秀宫庭而肅肅；弓韣多慶，方興子弟之振振③。宜受閎休，以侈華

① “聞孫”，原作“閨孫”，據文津閣本改。
② “歆”，原作“欲”，據文津閣本改。
③ “子弟”，原作“弟子”，據文津閣本改。

緒。是用衮衣繡紱，進爾於上公；鈿軸錦囊，錫爾以光訓。聯榮三世，想慰九原。可。

嫡母贈魏國夫人制

自昔興王，① 必有内輔。承寧福履，化正羣倫。故元妃之在官，應四星於天象。如三公之論道，並列職于周官。受寵既隆，介福宜厚。推原厥慶，豈無陟屺之懷；欲報斯勤，每動縫衣之感。凡兹懿典，莫匪緣情。爾某氏温慈之祥，惠迪之吉。配彼君子，宜于室家。克生山河之英，来居日月之際。翟衣瑶珮，早為宫掖之表儀；繡帨雕弧，方受子孫之蕃祉。屬兹大報，多錫鴻恩。肆侈邦封，俾榮廟祀。尚欽承于綸綍，以永佑于雲来。可。

繼母封魯國太夫人制

雷雨作解，無遠不蒙；蘭桂有芳，雖幽必發。矧我邦家之媛，獲依日月之華。實相朕躬，以承天則。屬熙成于祀事，既慶洽于寰區。眷彼親闈，蔚然懿範。宜因譽處，彌錫寵榮。某氏禀德純深，率履共靖。雍容房闥，儀刑族姻。在中之賢，可貽彤管；奉先之職，無媿《采蘩》。當躬被于恩華，俾日隆于壽祉。肆啓龜蒙之域，用新湯沐之封。往服褒康，以樂榮養。可。

① “自昔”，原作“自晉”，據文津閣本改。

大禮封贈王曦曾祖追封揚楚國公贈太師制①

勑：朕明禋泰畤，祇見皇天。發號端闈，慶賜寰海。凡是通籍而上，皆得追秩其先。矧惟輔臣，蔚有世德。可不丕崇於盛典，使之增賁於流光？某官素履無華，勞謙不競。聽神明之所介，啓慶自躬；撝爵禄而弗居，收功厥後。封兼揚楚，位極公師。雖寵數不可以復加，而申命用昭其無斁。永懷冥漠，尚克欽承。可。

封贈曾祖母贈揚楚國夫人制

朕躬推烈祖，配祀昊天。神明顧懷，福禄昭假。以為不忘其本，追崇其先。當示一體于君臣之間，宜加斯心于朝廷之上②。使凡二府之貴，獲申三世之榮。咸秩室家，伊匹休寵。某氏承光慶緒，来嬪德人。閨門儀刑，族姻師象。滋祥興行于嗣子，蕃釐被及于曾孫。遂兼二國之封，以作九原之寵。其欽申命，用慰潛靈。可。

祖贈太師進封秦魏國公制

大夫尊祖，不無追遠之恭；君子抱孫，亦有同昭之重。人情所至，禮文是生。故當裔胄之下興，必假寵光而上介。維時碩輔，相朕精禋。宜受神休，以侈前烈。某官撫躬盛世，為時望人。将昌明而尚艱，既高厚而猶

---

① “王曦”，據正文，王曦應為輔弼之臣，但查閱《宋史・宰輔表》，並無“王曦”之人，待考。《全宋文》此處校：疑作“王觽”。

② “朝廷”，文津閣本作“廟廷”。

積。弗大震顯于往，用鍾祉福于兹。功德不忘，共識徐公之子；風流相繼，莫如謝氏之家。乃眷元勳，實賜故業。賜衮衣繡，恨復無官以酬；荒魏興秦，亦何邇封之有？尚膺光訓，以曜幽宫。可。

祖母贈鎮益國夫人制

人孰無孝恭尊祖之心，惟貴者得極其寵；國固有爵禄馭臣之柄，惟賢者得遂其榮。眷予元勳之家，宜崇奕世之德。共離帝祉，以侈邦榮。某氏毓粹幽閒，配良碩大。蘋蘩薀藻，承祀孔時；榛栗棗修，有儀可象。天錫子孫之盛，世扶宗社之隆。巍然公輔之相望，欝有寵休之交薦。追封二國，告慶九原。沒尚有知，誰云不享？可。

祖母贈秦魏國夫人制

朕舉承天之盛典，相維辟公；荷上天之隆康，錫兹祉福。曾是君臣之相得，宜與國家而並隆。其申錫于徽章，俾增華于廟祀。某氏祗祓于德，紹興厥家。和穆之賢，可著彤史；明昌之慶，是興元勳。慈祥流入于化鈞，恩勤轉至于綿宇。聞孫繼起，[1] 康祚彌新。配位公師，賜履秦魏。粲然光訓，紓此眷懷，不專為恩，國自有體。尚克膺于靈寵，以永佑于神明。可。

母贈徐魯國夫人制

《記》有之曰："祭者，澤之大者也。"是故上有大澤，則惠必及下。廟

① "聞孫"，原作"問孫"，據文津閣本改。

之有餕，每變以衆。興施惠之象，以觀政焉。祖宗故業，三歲一郊，［郊］則慶賜六軍①，恩宥萬邦。推廟餕之惠術，為郊禋之熙事，蓋象兆于古天而烈鴻于今日，可謂至矣。朕既尊祖配天，為民蒙福。顧左右輔弼，齊明盛服，實相祀事。宜有昭天漏泉之澤，慰其報本反始之心。某氏稟德大家，求嬪盛徳②。以柔恭盡婦道，以齊莊成母儀。積慶躬心，歸功夫子。爰圖斯寵，用報厥勤。既疏彭門，遂荒曲阜。光明碩大，以撫爾封。神其来沐，尚克享哉。可。

大禮封贈曾祖母贈衛國夫人制

禮成受福，鴻恩下逮于萬方；仁以率親，寵數上崇于三世。此君臣千載之契，蓋家國並隆之辰。某氏擢秀閨門，作配君子。族姻是式，聲塵未亡。慶有深源，諒流光之無盡。德推殖本，③知末茂之可期。是興曾孫，為時碩輔。侈封大國，均秩宗公。尚服寵休，以慰綿邈。可。

祖母贈華國夫人制

大治榮華，既舉成天之典；鴻恩普洽，更昭饗帝之祺。迺眷邇臣，實共丕烈。有論道經邦之懿，密贊機衡；有展寀錯事之勤，顯相郊廟。錫以慶閎之胙，慰其尊祖之心。某氏房闥表儀，副珈師象。《采蘩》之奉，燕及祖宗；《凱風》之勤，惠于孫子。積善有衍，厥家用興。紆明綸于中宸，進華封于大國。其欽寵數，以耀幽墟。可。

---

① “郊”字原無，據文津閣本補。
② “求”，文津閣本作“来”。
③ “推”，文津閣本作“惟”。

故母贈徐國夫人制

朕祀帝于郊，為民蒙福。海宇咸遂，萬邦遥竦而承流；天門大開，百神並聘而臨饗。還衡彩衛，發號端闈。德昭昊穹，澤洞泉壤。某氏興自令族，歸于大家。僮僮婦道之嚴，簡簡母儀之重。宜收委祉，以極追榮。肆緣熙事之成，更啓新豐之大。配視秩于五嶽，何以加諸；耀恩綸于九原，為不亡矣。尚歆異數，以慰永懷。可。

母封冀國太夫人制

朕飲露英以潔誠，神保来格；奉玉精而奠禮，祀事孔明。委瑞如山，流澤漸海。眷言公衮，慶屬慈闈。宜紆綸綍之華，以錫郊宫之祚。某氏稟生冲靖，毓德沉詳。憲前修于繪圖，襲遺芳于彤史。有《采蘩》率職之孝，可繼周人；有斷織勸學之明，無愧孟氏。克輔賢嗣，發聞盛時。撫躬紫宸，致位黄閣。凡厥忠言嘉謀之入告，必為陰功隱德之流行。介福于神，歸壽其母。是新大國，益佐高明①。其茂進于爾封，以丕承于朕命。可。

妻封徐國夫人制

朕克共丕彝，有嚴大報。於穆清廟，致精物于一純；爰熙紫壇，聳神光之三燭。恩施綿宇，福被羣生。用申錫于明綸，以侈封于巨室。某氏克生華緒，来嬪慶閲。修副笄珩珮之容，燕安不隋；率蘋蘩薀藻之職，祇慄

① “高明”，文津閣本作“高閎”。

無違。躬佑乃夫，時升朕弼。朝修夕省，前輝後光。逮此熙成，賴此顯相[①]。疏封大國，蔚為鞶帨之華；配位宗臣，高參衮繡之貴。往欽休渥，並壽寵榮。可。

蔡佃父贈太師制

朕恭承典祀，大報郊丘。惟是幾康，以昭受上帝；斂時祉福，用敷錫庶民。矧在邇臣，念彼嚴考。豈無惠澤，以極褒榮。某官奕世忠良，累朝故老。祇命匪懈，禔身罔愆。雍容禁闥之英，密勿宸庭之重。寵休彌厲，事功則多。迺茂廉車之華，始鴻素履之慶。克有賢胄，躋登昌期。受國隆恩，為家永胙。是用峻爾巖節，冠于衮司。德既流光，共識臧孫之有後；幹能用譽，非特懿子之無違。尚歆寵靈，以利世嗣。可。

管軍周寧母贈碩人制

昊天降祉，率土蒙仁。帝輝旁燭于海陬，王澤下洞於泉壤。某氏恪勤厲節[②]，克相其夫；寵奨繁榮，是維有子。紆訓詞于申錫，昭祀事而熙成。庶幾有知，尚克来享。可。

工部侍郎柳庭俊妻封碩人制

在昔周召，實分陝郊；正自家人，輔成王化。眷朕邇聯之室，宜多可

---

① “此”，文津閣本作“如”。

② “厲”，原作“勵”，據文津閣本、《永樂大典》卷 2972 改。

列之賢。乃屬明禋，咸錫嘉祉。某氏不違于則，有相其良。與分邦家之光，以懋閨門之秀。著其碩德，比于莊姜。永念何修，益稱斯寵。可。

孫琦贈五資制

師出熙河，帥不反命。將吏隨難，伏節原野。朕甚震悼，不忘于心。某官深犯兵衝，以墮虜計。忠義不辱，英明豈亡。躋爾横班，被以光訓。尚克有享，用慰九原。可。

直龍圖閣王序等除修撰制

更直圖書之秘，論撰典冊之嚴。蓋故事必用英才，故歷世以為華選。舉斯名寵，用賞事功。所以慰其心而勸其能［者］,[1] 可謂至矣。迺者秋水方悍，河齧廣武。爾等障禦，有伐可書。列職邃清，往報恩獎。可。

① “者”字原無，據文津閣本補。

襄陵文集·卷三

誥

周與齡除凝神殿授經誥

朕惟層霄之間，金簡玉籍，衆真策名焉。朕用制為榮秩，甄叙修能。以爾久勤至教，彌邃微言。秘殿横經，懋膺殊擢；峩冠盛服，往率清流。無怠精禋，益承休寵。

詔勑

廬山靈顯感應公勑

勑某神：山川之神，能以其威靈利澤綱紀一方，大慰民志，則封爵加焉，國之典也。爾蓋自熙寧始以列侯受封，其後進爵益號，寵褒屢加。朕嘉神能眷佑千里，時節雨暘，以濟登其歲功，久玆不懈。是用金璽盭綬，王神於廟。尚歆寵光，勿替嘉德。

武勝軍普潤廟嘉顯侯祈雨有應封崇應公勑

勑某神：神能以威靈利澤震聳一方，而惠施其民，則封爵加焉，國之典也。今神進封至公，過古四瀆，所視可謂盛矣。尚其勤民，務副一方祈嚮之意，以稱名寵。

冬祀贈故父宣教郎敕

勅：朕制真館之榮名，咸視治朝之列著。敦以家庭之祚，慰其霜露之心。天道攸存，人心豈遠？某官生不受祉，沒乃遭時。有子誕興，為予闡化。屬熙成於毖祀，遂申錫於寵光①。靈其欽哉，寵孰大此？

綱朗凌等陣亡恩澤勅

國家用兵，能使豪雋伏節於矢石，創毒於旗幢而無顧憂者，知身有忠義之名可矜，而家有勤恤之典可恃故也。今擢爾等充備官使，族媚並寵，以慰九原。馬革之心，生為壯節；豹皮之諺，沒有榮名。故伏波為漢功臣，而彥章稱梁驍將。朕欲戰士之志，咸懷古人之風。肆於致命之家，每厚恤亡之典。往膺殊渥，其慰遺忠。朕閔矜伏節死難之士，厚撫其孤，恩施媚婭，爰及爾功。爾其永念爵秩所從，俛恤其家，仰忠於國。斯為知報，體朕至懷。

趙宗古等勅

戎醜不廷，邉師深入。破天豪原，斬馘甚衆。爾與奏功，肆加擢序。往率種落，為國藩籬。朕攘闢羌戎，控扼要害。遐荒萬里，樓堞相望。凡與事功，罔不甄錄。

---

① “寵光”，原作“龍光”，據文意改。

蕃官張逵勑

爾以拳勇之材，忠勁之氣，長雄部族，首奮戎行。幕府上功，朕所嘉賞。紓此綸綍，以焜燿爾躬於士馬之間，可謂榮矣。益思立效，以稱鴻私[①]。破堅拔敵，奉國威靈。念功簡勞，以類褒錄。往膺榮秩，思報優恩。

蕃官王誦勑

從軍歸者，鮮不蒙澤，而爾云有獲焉。賞之加厚，以勸戎功。

蕃官成凌等勑[②]

朕設爵秩，序功錄能，以公天下，無間華戎，而鎮番又加厚焉者，所以旌慕用之純固，而褒捍禦之積勞也。往圖立效，以報殊私。

蕃官侯剛勑

息兵肆賞，凡與有勞者皆觖望焉。爾於勝負畧相當，失亡者多。有增階秩，以錄爾勞，所以責後效也。

---

① “鴻私”，文津閣本作“鴻施”。
② “成凌”，文津閣本作“沁凌”。

納木哩轉官遥郡勑[①]

夫以身奮起於荒陬戎落之間，而論功薦名於黼扆之前。膺受寵渥，高至遙紓郡紱，下猶不失躐遷官秩，其亦可謂能矣。若是而不能終以翦滅强敵、盪洗絶域之奇功報，則非夫也。疆陲振旅，將吏第功。秩遷公朝，光震戎落。益圖異效，往稱鴻私。

趙青轉官勑

還師第賞，爾之武勝未有章章可數也。而躐遷爾官，况復有奇勳可策者乎！所以褒嘉，將如何矣？往其勉之，自致寵顯。

楚淩轉官勑

邊陲奏勞，以次論賞。爾屬未有奇功也，而獲厚如此。其帥種族，往圖来報。

張端田授勑

軍吏謝事，擢序其子。使嗣其禄，以秩其老[②]，所以示國恩之無已也。

---

① “轉官遥郡”，原作“遥郡轉官”，據文津閣本、《永樂大典》卷2972改。
② “秩”，原作“佚”，據文津閣本改。

惟孝惟忠，往圖報稱。

牛萬等歸明授承信郎勑

畔而不討，何以示威？服而不柔，何以示懷？此《春秋》之善志也。朕比用兵西夏，而爾等震疊面内，奔我明德。秘於禄位，被以恩榮。往其欽承，厲爾忠順。

傳應法師張守真加通妙二字勑

勑某人：盖聞諸《傳》，國家將興，有神降之，監其德也。昔我藝祖既定天下，德輝上昭，神保来格，監我興運，佑此丕圖。爾以名在玉籍，精壹勤共禋祓，為神據依。永懷真風，申錫嘉號。靈其未昧，① 尚服寵休。

隨龍輦官馬吉轉遙刺勑

奉輿衛之嚴，在顧眄之近。蒙恩宜厚，疏寵用光。其遙總於郡符，往增耀於軍籍。尚其祗服，勿替忠勤。可。

李裕轉遙團勑

古稱擿山煮海，可使民不加賦而國用足。今茶之利與幹鹽等，而爾能

① “未昧”，原作“未沫”，據文津閣本改。

以强濟克佐厥長，使商賈阜通，歲收有登焉，不可以不勉也。可。

藍瑞等為措置脩閉堤岸有勞勑[①]

勑某官等：夫地之有溝洫，猶天之有河漢。疏通無盡，皆應自然。而比年以来，水衡少弛。畿甸之間，使水故道堙塞圮壞，豈天理哉？爾等奉詔經畫，不日告功。載加勤庸，有兹擢序，往其祇服，是亦隆恩。可。

李誠陣亡恩澤勑

爾父從偏師度戎境，弗獲返命。國典所矜，加恩諸孤，以慰隕往。

親從都指揮使馬隐落權差充皇城四面巡檢勑

勑：朕象天閶闔，重國威靈。作新端門，臨莅區寓。某官董振庶役，濟登百工。蔚有勞能，確乎忠力。其釋權於軍籍，往専席於使華。祇護宫城，懋膺寵任。

宋珪等勑

鳩工偕作，雉堞並興。不日奏功，有嘉忠力。爾等與祇役事，具著庸能。俾進榮資，用昭寵典。

---

① “藍瑞”，文津閣本作“藍端”。

張恕等勅

端闈之役，爾與有勞。秩以官榮，示厥褒厲。可。

知丹州劉洪轉遙刺勅

勅：爾殿藩維，比膺詔旨。遂使泉布一日復重，流行千里之間。民不殆疑，物無踴躍。載覽報功之奏，宜有過人之能。其仍總於州麾，俾增榮於郡刺。是昭異數，往服明恩。可。

梁震為管勾御膳局有勞轉遙團勅

勅某官等：朕觀成周之盛，羣公服采。膳夫酒正，各率其屬。列於天官，以贊邦治。夫一人之躬，天下之治聽焉，則能董饔羞鼎俎以奉一人之養者，皆有功於治者也。爾等祇服禁嚴，承業匪懈。潔珍品庶，率禮無違。懋進厥官，用疇勤恪。益共乃事，往報恩榮。可。

王通勅

至化隆洽，遠人豫附。奉其賨贄，臻於闕廷。曾是綏懷，每敦寵數。有舍館委積之事，有饔餼加勞之文。所總實繁，非材莫濟。具官某久以眷簡，服在禁嚴。屬荒服之咸賓，示鴻私而兼撫。受命典領，克諧蠻蜑。朕嘉爾能，詔增厥秩。往服恩榮之渥，益勤圖報之衷。

耿南仲贈故父勅

勅：天人合符，誕興嘉祉；君臣一德，濟登孝熙。肆朕受休於郊宫，則必加惠於朝著。推斯尊祖之義，為被逮親之榮。某官履慶自躬，流光於世。克有胄嗣，来翔禁途。為時碩儒，輔朕元子。經術至於其奥，誠德可以為儀。致是華資，莫非幹譽。凡追崇於廟祀，一無愧於綸言。靈其欽哉，胙孰大此？可。

贈故母勅

禮大報天，而主日配以月。著陰陽之義焉，是謂立天之道。朕受釐上帝，錫命羣工。即昭厥考，亦右其妣。使配廟祀，咸承天休。某氏託躬大家，来儀君子。是膺間氣，克生名臣。遂收追遠之榮，以申罔極之報。侈兹祉福，慰爾憑依。可。

李處勵等勅

改作之際，政幾所慎。朕比詔四方，收斂祝髪之士為天竺之學者而加冠巾焉。爾等乃能宣諭至意，綏靖羣心。令用不壅於千里之間，靡然變服，無所騷動。朕甚嘉之。懋官一等，以旌厥勤。

莫琚勑

谿洞内附，州處其民。撫納經營，爾在煩使。以勞增秩，用示甄錄。

折彦野等贈五資勑

師出熙河，帥不反命。將吏隨難，伏節原野。朕甚震悼，不忘於心。深詔有司，追榮將吏。厚撫其孤，以稱朕意。庶幾爾等英氣不忘，顧懷無憾。可。

管軍周寧封贈故父勑

勑：朕精禋昊穹，慶賜綿宇。眷言在列，位至禁嚴。圖顯其親，禮宜褒序。某官夙膺器使，備著勞能。雖寵榮已被於躬，而慶澤更鍾其子。是錫郊官之胙，以為家廟之榮。奕世逢時，存没何憾。可。

繼母勑

［勑］：[1] 朕祗見天帝，慶賜海邦。眷維禁衛之勤，可忘褒序之典。肆推榮胙，以逮親闈。某氏託躬慶門，来儀吉士。克有世嗣，自著朝聯。遂膺追遠之榮，以申罔極之報。侈兹祉福，慰爾憑依。可。

---

① “勑”字原無，據文津閣本補。

故妻勅

勅：國家故事，妻不追贈。神宗皇帝垂仁在位，矜式家之積勤，軫林墟之遺恨。俾因郊胙，咸被綸恩。自是德周於鬼神，逮今澤漏於泉壤。某氏獲依良人之寵，與蒙封號之榮。靈尚有知，其克祗享。可。

妻　勅

惟禁從臣，實佑相朕。熙成祀事，並受寵休。而室家於此不蒙，則恩澤缺焉未洽。肆推彝典，咸使褒陞。某氏褒然房閫之賢，應此絲綸之訓。著其碩德，比於莊姜。永念何修，益稱斯寵。可。

趙進忠勅

夫身居軍服職而遙刺千里之郡，蓋寵顯矣。戎昭所矜，朕不輕授。以爾有勇知方，奉義震討。奏功帥府，進秩公朝。超此榮資，是維異數。往思懋勉，以副褒嘉。

胡誼勅

揖遜征誅，古無二義。雍容果毅，比鮮兼資。以爾出當矢石於疆陲，入贊等威於軒陛。文無失則，武有奏功。既膺新褒，復典舊職。是皆寵獎，往惟懋哉。

李抗勑

總戎敵愾，上下同心；還師奏功，小大差録。爾能冒犯矢石之險，[1] 匽薄風雨之勞。勤歸疇庸，咸有擢序。尚圖忠報，以對恩榮。

劉棟勑

勑某人：朕欽崇天道，祈進民心。頃詔天下，蒐採方聞志介奇材隱德之士，冀得其真。而爾裦然来對便殿，有異聞焉，朕甚嘉之。顧賞錫以先生之號，而辭不受，今其所去，宜視厥秩，以寵其行。内聯延閣之華，外總殊廷之秘。並為異數，往服休榮。

蕃官伊凌等勑

黠羌弗率，興師震討。涣爵班秩，以厲有功。爾等躬以長技，掎角醜敵。天兵凱旋，宜有褒序。昔唐名將奮起於蕃豪，而策勳於史籍者多矣。爾其往報恩榮，思庶幾焉。

房仕忠勑

武臣之職，至於典領使事，防患禦侮，任綦重矣。而爾以積勞疆陲，

① “爾能”，文津閣本作“爾等”。

有此擢序。是維異數，勉思報忠。

王澤勑

邊陲有興，爵賞隨之。寵秩厚禄，可以積勞致也。元帥比數軍實，第功于朝，而爾有名焉。推於兵團，既寵以厚。益思立効，往稱異恩。

葛彦實勑

勑某人：樞臣奉辭，邊兵告凱。爾與有勞於其間，不可以不録也。

崔詩勑

勑某人：朕簡服士大夫於甲兵，思酧其勞，不愛爵賞。邊書列功，爾與有名。進官一等，以示褒厲①。

張德元等勑

邊書奏功，爾等與焉。增秩差録，往示褒嘉。

① “厲”，原作“勵”，據文津閣本改。

燕瑛勑

勑某人：朕儲中秘書於延閣，以養天下之英才，而吏能因事為功自求寵奬者，亦加此職，以華其躬。爾奉使遐方，能使嶺海之人為釋氏者順命變服，無所震驚，祇若予意。用錫榮名，是維異數。往思忠信，以保光華。

尹昭明勑

王師凱旋，軍吏第賞。雖云干戈轉戰廓清之力，亦有羽書期會典領之勞。肆疇爾庸，往服予寵。

孟拳勑

朕分［命］將帥，① 深踐戎境。城其要害，鎮以師屯。黠寇翔兵，無敢犯獵。告功定賞，用嘉爾勞。往服恩榮，勿忘厲翼。

龍世延勑

戎事既藏，衆勲咸策。譬如千金之裘，不止一狐之腋也。爾等承天之威，以揚厲於醜虜，而歸蒙此賞，盖與有力乎師旅之間，則寵光斯被矣。

---

① “命”字原無，據文津閣本補。

◇ 表

賀郊禮表

郊見上帝，命施四方。熙事備成，鴻恩溥洽。中賀。臣聞高宗思道，商衰更興；宣王任賢，周亂可撥。因時有造，惟聖其能①。定申命於顥蒼，傾群心於海寓②。此蓋伏遇皇帝陛下誠贊天地，孝通神明。綏靖愁勞，削平寇亂。修精禋於干戈之下，遂格天庥；霈德澤於巡狩之時，不忘民隱。臣歎嬰衰疾，阻奉齊明。但慶三靈之功，復開千歲之統。

代謝賜曆日表

《革》極數而去故，《賁》乘象以觀文。協為成書，誕頒明詔。中謝。恭惟皇帝陛下上齊七政，下式九圍。湛羣雍於春祺，凝萬有於秋實。雖曰神明不測，莫知帝力之生成；至於祇翼有為，必謹天時之先後。迎推秘曆，分錫遠臣。敢不寅奉聖謨，罔愆使指。日成月要，警吏治以遵繩；東作西平，省農勤而敦務。庶單綿薄，少助鴻明。

代謝曆日表

履端歸餘，是詔敘事；發祥隤祉，用協彝倫。中謝。恭惟皇帝陛下至

① “其”，文津閣本作“為”。
② “傾群心”，原作“羣傾心”，據文津閣本改。

通神明，[①] 大配天地。坐至千歲之日，以為四方之綱。溥彼要荒，受兹正朔。顧臣既愚且賤，亦云有社與民。曲被匪頒，孤奉靈寵。但勤日月之凡要，難酧雨露之生成。

賀今上皇帝即位表

曆數在躬，謳歌有屬；神明其位，宗社再安。恭惟皇帝陛下大明昭於四方，神武服於萬物。輕軺赴敵，天地感其精誠；秉鉞誓師，夷狄服其英氣。方清亂紀，永紹丕圖。大化鴻恩，見大平之有象；珍光醇耀，知昌祚之無疆。

謝脩哲宗寶訓成書轉官囬授表

史奏成書，名不參於後列；寵疏茂典，恩尚錄於前勞。翰動玉宸，光流蔀屋。臣中謝。竊以天扶景祚，世有聖明。言如六經，誦於四海。紬彤墀之記注，儲延閣之典謨。盖自歷朝，具有故事。惟泰陵之御極，紹寧考之圖休。澹然天淵之藏，發為金玉之振。是修大訓，用詔萬年。而臣以備官，繆分汗簡。但仰蕩蕩巍巍之盛，莫知灝灝噩噩之宜。僅於六七年，與定二三策。弗圖序續，亦至薄躬。此盖伏遇皇帝陛下孝弟通乎神明，化育参乎天地。克篤保邦之慶，方重奕世之光。惇重典章，嚴恭宗廟。不愛褒嘉之數，以旌編削之臣。顧雖引疾而離朝，猶使蒙榮於衰緒。條章釐舉，莫窺微婉於獲麟；利澤衡加，端愧支離之受粟。

① “至”，文津閣本作“聖”。

賀獲方賊表

豕孚蹢躅，警彼隅方；虎虓振嶔，興我戎旅。即俘首惡，歸正邦刑。臣中賀。臣聞威克安强，蓋道德所有；寇為姦宄，雖堯舜不無。其惟積厚而時康，自將奸究而力屈。何攻不拔，何討不平。恭惟皇帝陛下紓軫生民，遵揚聖統。詔音寬大，坐使壞植而散羣；廟算沈潛，迄觀執訊而獲醜。屋廬底定，江山穆清。臣迹伏衡門，名塵從橐。羽書薄遽，曾微一策之陳；黼扆慶成，不在千官之例。徒欣遲暮，永託昇平。

謝除待制表

官辭事任，猶賦禄於祠宫；身去朝行，尚蒙榮於從橐。鴻恩無量，元造難名。臣中謝。伏念臣少也讀書，本無心於進取①；晚而信道，亦有意於施為。撫辰休明，致位寵顯。而孤危之衷未効，則衰疾之勢已侵。内抱潰魚之憂，外支槁木之悴。每追參於時儁，輒愧怍於古人。不謀引分以小休，將致羣言之交讁。既蒙全度，更冒頻繁。此蓋伏遇皇帝陛下道隆黄虞，勳格蒼昊。撫豐年於姑射，使物無疵；御廣樂於洞庭，令人難老。至兹鞅掌之役，亦適逍遙之遊。臣敢不祇祓真修，謳歌聖治。尋共公《遂初》之賦，聊以窮年；續宣王《考牧》之詩，猶云報國。

---

① “本”，原作“不”，據文津閣本改。

謝除資政殿學士宫祠表

鞠躬避位，議不震於明廷；禋服奉祠，職尚聯於秘殿。蒙恩過望，銜感何言。中謝。伏念臣身事四朝，志窮一節。頗闚《易》象、《春秋》之邃，欲明道數治亂之原。老矣何施，枵然難用。三以倉皇而去國，皆由迂濶以干時。逮聖武之勃興，參羣英而迅召。冀攄淺陋，得佐艱虞。顧忠力之未陳，已衰疾而難强。自傷奇薄，不副登崇。敢云酌損之時，更冒褒嘉之福。徘徊聖念，形為恩禮之繁；隠閔情顔，歎失功名之會。銘心莫報，雪涕無從。此盖伏遇皇帝陛下道德祲微，神明基祚。方收雋乂，往濟經綸。謂葉公好畫而致真龍，取燕昭市骨而来駿馬。故寵光於一介，以風示於多方。臣敢不思効涓塵，懷忠畎畂。續《訪落》之頌，庶冊書永燦於王勳；反《招隠》之詩，使草莽咸知於帝力。

謝再任宫祠表

賓靈圉於閒館，可考暮年；還巫咸以叫閽，復紆俞旨。服休則舊，加惠維新。臣中謝。伏念臣志介弗通，學孤無法。自勤郡縣，汔侍軒墀。終乏國能，可補時事。青天不盡，知倦鳥之宜還；滄海難窮，信潛魚之永逝。活身以禄，報國何功？此盖伏遇皇帝陛下治盛唐虞，化参天地，明清在位①，敷佑多方。卓犖紆餘，器羣材而弗棄；蕃滋零落，陶庶彙於無私。如臣之微，亦得其所。茂陵多病，慚無封禪之書；華封何知，徒有富壽之祝。

① "明清"，文津閣本作"清明"。

謝再任宫祠表

寬疾歷年，顧何功於禄次；犯嚴再瀆，迺復累於官施。媿集無顔，感深至骨。臣中謝。伏念臣器難大受，命亦數奇。一去丹墀，三易草木。儲藥石而輔老，散竹素以忘憂。臨渚濯纓，盡清時之惠澤；負暘晞髮，皆化國之恩輝。未隕此生，[1] 無非帝力。刈滋蘭之九畹，汔乏脩能；睨旨酒之一盛，尚兹貪得。干祈曲遂，閑散獲安。此蓋伏遇皇帝陛下陶養無方，感通不測。念兹一介，曾辱侍於清光；俾與羣生，各遂宜於至分。隆施遐濶，大惠累仍。方士術家，知頽齡之可濟；道人野老，慶同社之重留。臣敢不三祝堯仁，九歌舜治。賦"好雨知時"之作，已心化於農疇；識"薰風解愠"之音，但夢遊於帝所。

亳州到任謝追録表

賜對於圍城之中，定計於割地之後。豈珪璋之特達，夙誤簡知；若松柏之孤生，初何倚附。自擢登於言路，逮參與於政機。樂廣任誠，初無心於適莫；傅咸偏亮，不委己以浮沈。但挈缾之智易窮，而負薪之憂彌積。時方多故，每虞辭位之難；試以罔功，空歎避賢之晚。尚賴慈祥之全度，以釋重負於兢危。

① "隕"，原作"損"，據文津閣本改。

襄陵文集·卷四

表

謝賜金帶表

臣某言：伏蒙聖恩，特降中使，賜臣毬路笏頭金帶一條者。白髮墮顛，方誤錫環之召；黄金横帶，遽膺在笥之珍。補報何功，褒嘉惟媿。中謝。伏念臣受材固陋，涉世艱虞。書子張之紳，志弗忘於素學①；帶啟期之索，分將老於畸窮。豈謂衰齡，尚叨異數。此葢伏遇皇帝陛下自天錫羡，為國宣光。視縶維之至恩，厲來修於孤節。有嘉命服，亦粲精鏐。束以立朝，豈足言於賓客；垂而有厲，徒炫寵於都人。

代賀五星循軌表

霄極發祥，璣衡效異。動天以德，惟聖其能。中賀。臣聞三辰有經，五星為緯。候儀所謹，軌道難常。維見伏疾遲乘，諸至變故；僭差凌轢，易以殊方。數應昌期，歲書澄晷。此葢皇帝陛下神明利見，勲烈升聞。草木被其光輝，風雨為之時節。燎禋告備，蒼璧方徹于郊宫；文象坐移，連珠已粲于躔陸。天衢是仰，帝響可占。臣職遠宸居，親逢熙事。想鴛鴻之行綴，莫獲追參；效鶤鵠之知時，亦滋鼓舞。

代賀五星循度表

《革》治曆以明微，《賁》觀文而察變。《易》行有衍，史告克咸。中

① “弗”，文津閣本作“惟”。

賀。竊以丕承顥穹，厥有顯懿。故萬邦允迪，精祲至於昭融；則九野發祥，星辰為之軌道。方諸游玉，密若連珠。此葢皇帝陛下上奉一元，下開衆正。賢能式叙，法度誕彰。格彼彝倫，占于景緯。太平無象，固蕩蕩以難名；珍錫有符，但昭昭而應感。是宜製聲詩以薦郊廟，豈特垂光曜而載冊書。臣叨奉藩軺，阻陪廟著。邦家之慶，臣子維均。

賀撫定燕山府表

觀兵涿鹿，罙入南陲；弭節盧龍，遂荒北口。汔如聖策，有此駿功。中賀。竊以幽薊之山川，曾是聖賢之都域。一從陷寇，幾老餘民。至仁興哀，偏師問罪。連城爭下，折矢無遺。掃絳帛之旗，妖氛既淨①；訪黃金之館，陳跡故存。豈特歷代之所經營而不能，亦我七廟之所想望而未見。兹盖伏遇皇帝陛下同符天地，增輝祖宗，能回曶爽暗昧於光明，皆自神靈威武之變化。臣獨居懷古，屢感遺謀。夫何將老之年，覩此非常之慶。

代賀復湟州表

車徒千乘，敨周宣六月之征；干羽兩階，兆虞舜七旬之格。成功遽奏，振古所無。中賀。竊惟河隴之陝區，故禀漢唐之正朔。列為要郡，實控諸戎。末世舉而棄捐，詩人為之悼惜。逮盛時之遠有，極殊裔以咸賓。弗思威德之加，尚為畔服之計。負其襲險，速我大誅。謨既定於神明，數自屈於羣醜。金鼓所響，壺簞並迎。英聲震乎玉關，勝氣凌於葱嶺。坐使長歌之壯士，馳思萬里之封侯。此盖伏遇皇帝陛下文昭誕敷，武克耆定。念先烈之未卒，哀遠服之弗蒙。拯于幽荒，覆以懿鑠。四夷震疊，爭奉國以欽承；

① “妖氛”，文津閣本作“祅氛”。

二后顧懷，想在天之昭假。臣屬持詔節，阻奉壽觴。延望闕庭，曷勝忭頌。

代賀平湖南北表二首

剽輕竊發，犯我芻蕘。嚴翼維揚，震于區洛。捷書紹至，殊黨交歸。中賀。竊以德盛者建功深，世隆而經業遠。肆熙寧之更造，奄荒忽以咸賓。坐俾介鱗之區，化為冠帶之國。五谿之服，三世于兹。豈無酋豪恃險而不寧，終以類醜蒙仁而難變。故兹討定，不假殘夷。禱馬禡牙，已見星狼之暗；壺漿簞食，爭迎銅虎之嚴。山川益清，郡縣寧乂。此蓋伏遇皇帝陛下遵丕天之大律，極寧考之圖功。六師時行，萬里風偃。皆神靈威武之所變化，使曶爽闇昧得耀光明。臣遠奉使條，阻參班賀。聲猷所暨，抃蹈惟均。

獲匪其醜，解辮自新。震于其隣，傳檄爭下。薦功廟祏，流慶戎陬。中賀。竊以荆楚之荒，谿峒如繡。自古好亂，歷世難賓。逮我裕陵，底寧絶域。取其險要，為我藩維。制屋廬以作邦，襲衣裳而受吏。夫何忽造非彝，卒蒙一矢之加；爰興肆伐，大正九谿之戾。申嚴約束，易置渠豪。荒穢滌除，載益山川之勝；沴氛彌伏，普瞻日月之臨。王錫有嘉，天威匪紹。此蓋伏遇皇帝陛下纘承考翼，揚厲戎昭。鼓之以神，故聰明睿智而不殺；體諸有昊，方徧覆包函而無殊。坐格幽荒，咸歸震疊。臣遠叨鎮守，與被聲光。舍爵策勳，不在干戈之列；奉觴上壽，莫參劒佩之趨。自媿奚施，唯知竊忭。

謝轉官加食邑表

山林閲歲，何旦伐之可書；宸極疏恩，葢無微而不録。粲然加典，被此薄躬。顔汗訓辭，心馳象魏。中謝。伏念臣受才瑣陋，遭世昌隆。冒昧寵榮，超踰分願。差肩從橐，無追參英妙之能；鼓腹祠房，有空食廩庾之媿。敢期惠論，弗廢叙遷。此葢伏遇皇帝陛下覆燾多方，明清在位。顧田閭之僻逺，曾不間於軒墀；譬草木之萌生，使均蒙於雨露。至兹衰病，猶在記憐。從父老於嬉戲遊遨，誰識彌陶於至化；率子弟以忠信孝悌，亦云圖報於鴻鈞。

天申節賀疏

昌期既協，五百歲而聖人生；大業方隆，四三王而天下治。共仰睟鈞之造，是興震夙之祥。伏願皇帝陛下神勞艱難，天佑平格。坐鎮蠻夷猾夏之變，咸服堯舜垂衣之仁。春非我春，徧羣黎而蒙德；朔而又朔，歌億萬於斯年。

天寧節進疏

日暈祥華，見珍符之有啟；玉晨昭格，介茀禄以來崇。凡厥有生，咸知申祝。伏願皇帝陛下歛膺諸福，敷佑羣倫。撫明昌以御時，維新厥德；居隆平而保極，於萬斯年。

劄子

論配享劄子

伏覩手詔，推原治本。褒王文公，進封王爵。某竊以謂文公既王，① 則

① “以謂”，原作“以為”，據文津閣本改。

於學宫理不可復居顔、孟之下，謂宜自為一代之宗師，專居别室，以稱聖上所以錫命寵嘉之意。而建立揚子貌像，使得位次孟子，配食祀典。

維揚子起於經術殘缺衆説紛紊世故危厲之時，而躬保此道，攘闢塞路，維持正教，開明聖法，葢與孟子異世而同功，揚子加難焉。今孟子已蒙聖朝褒顯若此，而揚子猶與漢唐章句之儒雜然列於廊廡之間。誠因此時擢之，使得比於孟子，則聖道之傳，昭然有統。入學宫者望而可知，邪説異端莫得而間，天下幸甚，萬世幸甚。

論御筆手詔不由三省而下者取旨方行劄子

臣聞天下之法，當與天下共之。有司守之以死，雖天子不得而私也，而後天下之大公立。比年以來，有司阿意撓法，以徇一時，是以條約文具而不守。伏願陛下明詔内外：今後指揮，若有害事病民、違戾條制，並令有司具析執奏①。御筆手詔不由三省而下者，官司被受，審復取旨，乃得施行。必使法嚴，信如四時，而後令一而民定，可以立政矣。取進止。②

辭免尚書右丞劄［子］③

臣今月六日准尚書省劄子，奉聖旨除尚書右丞者。聞命非常，撫躬自失。伏念臣才資譾薄，命數奇屯。寇難以來，心形懼悴④，視已昏翳，動輒悸驚。雖欲自强，必難勝事。然臣比自謫籍，恭被召旨，即日夜詣不敢少

---

① “具析”，文津閣本、《歷代名臣奏議》卷213同，《宋朝諸臣奏議》卷23作“具條”。

② “取進止”，《歷代名臣奏議》卷213、《宋朝諸臣奏議》卷23無。《宋朝諸臣奏議》卷23“立政矣”後多小字注“靖康元年二月上時為御史中丞”。

③ “劄子”，“子”字原無，據文津閣本補。

④ “懼悴”，文津閣本作“俱悴”。

安者，實以國家近罹變故[1]，仁聖新嗣曆服，臣子之心未展，願一入見清光，則退即山林，没身無恨。弗圖恩獎，遽委事機。冒昧非宜，顛隮不測。既妨賢路，必動羣言。伏望聖慈收還成命。

薦士劄子

右，臣伏見朝奉郎李格從事不苟容，論道不苟合。隱居宜春、長沙之間，以左氏學治《春秋》，能守師法如漢儒，蕭然一室，著書忘老。又宣義郎羅孝芬外和中剛，篤志好學。其人早中甲科，自可超取顯美，而退居岳州平江，安貧事親，勤約自守。鄉閭師其孝行，搢紳服其名節。又文林郎、桂州書記林勲為《周官》學，[2] 著《井田書》，釐舉法義，旁達權宜。其言守經據古，皆可施行。于今飭躬守道，久未試用。累年避地，轉走湖、廣，於流離中得此三人者，可肅朝綱，可厲士節，可扶民極，願賜召擢。今係應詔，同罪保舉。

再論乞用种師道劄子

臣聞“耕當問奴，織當問婢”。老馬識道，巢鳥知風。此言物各有所習也，是以金革之事必咨宿將。臣累言种師道智慮未衰，夷狄素畏[3]，藉其威名，猶可折衝。今縱未能置之樞府，謂宜使之領制置司，示不閒廢，俾得盡心。虎豹在山，藜藿不採，非虚語也。臣既論兵之不可不用，故遂論將。不憚喋喋上瀆聖聽者，誠以為兵待將而後勝。又謂方多故時，國之虎臣未宜投閒，急而求之，非所以明朝廷也。

---

① “罹”，原作“離”，據文津閣本改。
② “桂州”，原作“貴州”，據文津閣本、《宋史》卷422《林勲傳》改。
③ “夷狄”，原作“邊陲”，據《歷代名臣奏議》卷238改。

今虜行已遠，[1] 遣議三鎮之使尚未發軫，臣恐將帥牽制使指，曠日持久，遂失事機。今日之勢，當如救火，不得少緩，緩則無及。望先明告將帥，使得閫外便宜制勝，委任而責成功，此自古用將之法也。兵交，使在其間，盟亦何害？且料兵威未振，虜情未讋[2]，遣使禮請未易下也。故今日之事，恃兵之力多，而恃使之謀少，乃可為矣。取進止。[3]

乞出第一劄子

臣聞祖宗之時，在位清明，公卿大臣以禮進退，天下化之。人務自重，各以守道為貴，不以持禄為榮，是以朝著尊崇而國體安固。比年以來，此俗日替。大臣保位而重去，小臣鬬利而逐爭。小大相傾，上下交疑。非希旨取合不進，非迕旨得譴不退。故公卿不矜名節，而士庶無所法象。朝著日穢，國體日輕。姦謏糾紛，遂以大亂。孔子有言："為國以禮。"按今觀之，豈云不信？

臣蒙聖恩，寵遇至渥。維是才術淺陋，不經時變；少而多疾，晚益易衰。又以新遭兵亂，脱命毫釐，心氣震悸，至今未寧。黽勉圖慮，不能精審。奏事之際，多所遺忘。此當去位，理在不疑。若必竢上得譴於君父，下取謗於人言，顛隮而去，名節並毀，則與近世貪利之臣不顧廉恥無復小異。上累國體，下傷風化。新政之始，所繫非輕。伏望聖慈哀臣不逮，許解政機，除一宫祠，以安愚分。使四方皆知朝廷之上始有雍容以禮去者，祖宗故事復見今日。則是臣進雖無補於國事，退猶不辱於朝倫。他時不死，心力粗復，别有任使，尚甘糜捐。臣不勝感恩涕戀冒威請命。取進止。

---

① "虜"，原作"寇"，據《歷代名臣奏議》卷238改。
② "虜情"，原作"敵情"，據《歷代名臣奏議》卷238改。
③ "取進止"，《歷代名臣奏議》卷238無。

繳趙譏詞頭劄子

右，臣今月日承中書省兵房送到詞頭一道，為趙譏化諭夷人，并趙隆、趙吉頓習禮義等，各特與轉一官事①。臣聞大而化之者，聖人之事也。是以聖王在上，則《詩》無諸侯之《風》。盛德所格，殊俗惟新。並邊蠻夷，曠然服化，此皆陛下神明威武之所感移，不得不爾。一趙譏者何人，乃敢以為己力!

臣竊觀譏所申狀，輙言"以副知郡丁寧教戒之心"，又有"自知郡到任，除去夷風"等語。使人誠有此意，而譏恬有其言，以聞朝廷，則是不專歸德于上，臣禮不恭。使人本無此意，而譏訹使之言，則是便文為姦，欺罔朝廷，罪益大矣。二者無一可。

夫人君體道以兼容，人臣守法而盡察，古之義也。今朝廷示以德信，覽其奏，則捐一官而與之②，其事至微，然臣竊恐夔峽一路靡然效譏所為，謂國賞之可徼，忘天功之難僭，則陶化殊俗之美，不在陛下而在守臣。此非所以聞四夷、載史冊也，非諸侯無《風》之義也，是以不可不論。且使今日譏已受賞，則他日身至朝廷，必將援以為功，干祈擢用，叨取恩榮，人臣不得而追論矣。至此則四方聞之，必有動心者，長鄙倍之風③，害謹信之化，所慮豈止夔峽一路而已。其涓易防，其萌易折，誠使幾微必察，自然國體皆正。除趙隆等轉官臣已草詞外，④ 所有趙譏轉官詞頭，未敢具草。

---

① "一"字，文津閣本同，《歷代名臣奏議》卷 180 無。
② "捐"，文津閣本同，《歷代名臣奏議》卷 180 作"損"。
③ "鄙倍"，文津閣本同，《歷代名臣奏議》卷 180 作"鄙俗"。
④ "趙隆"，原作"趙譏"，據文津閣本、《歷代名臣奏議》卷 180 改。

論吳敏劄子

臣聞《春秋》之義，揚善伐惡，垂著王道，以詔萬世。然晉文公乘惠、懷之無親，得返其國。高梁之禍，天下之大惡也，而《春秋》不書。周襄王出居于鄭，晉文為之誅子大叔以定其位。陽樊之師，諸侯之極功也，則又不書，而書晉文斷自伐曹侵衛之後。是何故也？聖人之意，以謂晉侯既有大惡[①]，亦有極功，絶此補彼，使得相除，是以皆没不書，一與之新而後踐土之勲爛然，獨著於《春秋》。使王道而不本忠恕如此，則晉侯入國之惡不除，蓋誅絶之不暇，豈復有此覇業之偉哉！《傳》曰："記人之功，忘人之過，宜為君者也。"其義蓋出《春秋》。

臣伏見宣和之季，金賊始亂[②]，上下大震，不知所為。吳敏以給事中伏閤請對，首建内禪之策，以堅外禦之心。是時太上皇帝久懷冲挹，然而外無朝廷之助，内有左右之沮，堯舜之志未有以發也。會敏白發其端，擊節歎息，遂定大議。淵聖皇帝自在東宫，恭儉聞天下。及嗣位阼，萬方相慶，乖離之心，一變歸往，至今天下固不可解。夫使人君以天下傳，此古今之所至難言也，而敏以孤臣，眇然冒雷霆之威，忘家族之禍而建明之，此天下之奇節。而去歲秋，唐恪、聶昌、耿南仲、陳過庭等用事，百計誣蠛，竄之涪川，傷忠義之心，折謇諤之氣，非所以視天下、觀臣子也[③]。

陛下龍興，四海蒙澤，當此時始望生還，而坐城下之盟，復竄嶺表，使其垂白重親，泣血萬里，臣誠傷之。且城下之盟自有主其議者，敏于是時未為宰相，衆説眩亂[④]，依違其間。至於金賊已還，[⑤] 敏為宰相，遂決意

---

① "以謂"，原作"以為"，據文津閣本、《歷代名臣奏議》卷188改。

② "金賊始亂"，原作"金人用兵"，據《歷代名臣奏議》卷188改。

③ "視天下觀臣子"，文津閣本、《歷代名臣奏議》（明永樂本、文淵閣本）卷188同，《歷代名臣奏議》（文津閣本）卷188作"示天下勸臣子"。

④ "眩亂"，文津閣本同，《歷代名臣奏議》卷188作"眩曜"。

⑤ "金賊"，原作"金敵"，據《歷代名臣奏議》卷188改。

追襲，但為已失事機，斯敏之罪云爾，得譴不當與衆人等。以是遂廢定策之功，則已重矣。

今録其過，因廢其功，臣竊謂必非仁聖本意，當時議者不詳，失於建明而已。謂宜明詔還之，赦智謀之不逮，著忠力之無忘，以勸事君，非小補也。且臣當去歲之春，數詆朝廷專和議，則于敏非敢私也。當彼隆盛之時，臣與之爭；及此斥逐，而為之言，區區何心其間，端為國體而已矣。

繳盛章詞頭劄子

今月日承中書省刑房送到詞頭一道，盛章落職，差提舉南京鴻慶宮、襄州居住；何訢落職，差提舉亳州明道宫，本處居住者。按章姦慝之迹，久已不逃聖鑒，幸蒙陛下天地函容，湔濯獎蹷，冀收其報。而章之凶險根于天資，孤負明恩，終不思革。顯謫既行，公議交慶。然臣尚有所未喻者。襄陽乃章墳墓之國，章于州城比營大第[①]，雲屋潭潭，甲於諸路。功役資費，不出其家，徒以威聲氣焰刼使郡縣，侵牟百姓，騷動一方，至今寃痛之音未絶也。而又使以其身往彼，其貪忍之資，不待親執州權，民必重被其患，襄陽之人亦何負哉！

今何訢坐與交通，已徙它州，而盛章重有姦邪倨傲不恭之罪，乃獨歸安其第，均為斥逐，重輕不倫。且使為人臣者姦慝未彰，[②] 則要職美官揚厲於公朝；罪惡既暴，則真祠厚禄優游於私室，小人夫亦何憚而不為？此雖一盛章之休戚，何足以言；而繫廷臣之勸沮，[③] 不得不慮。所有詞頭，臣未敢具草。謹録奏聞，伏候敕旨[④]。

① “比”，原作“北”，據《歷代名臣奏議》卷180改。
② “彰”，原作“章”，據《歷代名臣奏議》卷180改。
③ “勸沮”，《歷代名臣奏議》卷180同，文津閣本作“勸阻”。
④ “伏候敕旨”，《歷代名臣奏議》卷180無。

論李邦彥劄子

臣近論宰相白時中、李邦彥、執政王孝迪等去位不出都城，非祖宗法。今時中、孝迪已詔赴鎮，而邦彥未去。臣竊計陛下祇以邦彥前日曾有節損一言之善，故未遽遣。臣若不為陛下盡言，陛下無由悉其本末。

按邦彥之心雖無深阻，但材質浮薄，學術寡陋。初附梁師成、王黼位執政，而蔡攸薦之為宰相。童貫、蔡攸之行也，身見河朔流離將亂，幕中賓客多勸攸、貫說上皇以節損，而攸、貫等自知富貴已極，但乏衆庶之譽，故其還朝，以賓客言時時從容為太上道。［久］之，[1] 太上慨然思一大變時事，而邦彥適為宰相，遂與攸、貫協力。然邦彥才術不足以果斷，忠固不足以持守，故徒紛紛，卒無所補。論邦彥心，止於如此；若數其罪，不勝誅矣。何者？

當取燕山之時，邦彥身為執政，坐視禍變，不為一言。去歲復起雲中之役，人益寒心。邦彥身為宰相，阿意詭隨，又不救正。若邦彥當此之時不知事勢必亂，是無識也；知而不言，養驕持祿[2]，是不忠也，無一可者。逮至倉卒，胡馬渡河[3]。邦彥但謀竄身，不急召兵保城，遂至失備，幾危社稷。昔漢家盛時，水旱薄蝕，皆以天災策免丞相。今者邦彥執政六年於此，而大位內禪，萬方外騷，宮闈播越，宗廟震驚，畿甸殘破，生靈屠戮，此豈止水旱之災、薄蝕之變也哉！在昔法義，主辱臣死，尚復何逃[4]？陛下仁聖，幸赦不誅，謂宜以禮自圖進退，乃復遵用蔡京、王黼故事，身為宮使，留居都城，禮視見任執政，耽寵昧利，無大臣體。夫大臣罷政而猶留都城者，必為其人時可咨訪，有補國家也。臣考邦彥相道君於安平之時，則忠

---

① “久之”，“久”字原無，據文津閣本、《歷代名臣奏議》卷182補。

② “驕”，原作“交”，據文津閣本改。

③ “胡馬”，原作“敵騎”，據《歷代名臣奏議》卷182改。

④ “何逃”，文津閣本同，《歷代名臣奏議》卷182作“何道”。

益未見；輔陛下於艱難之際，則智謀不聞。留連趦趄，亦復何為？且邦彥素擅朝廷①，進退在位。故今廷臣二三顧望，疑将復用，莫敢公言。願陛下逐出邦彥，使士大夫壞植散羣，一意首公，為朝廷用，則法義昭明於上，而輿衆慰釋於下，其於邦彥恩已厚矣。取進止。②

論釋氏劄子

竊料今天下僧與在籍而未受度牒者，又有田園力役之隸，合集不減百萬。豪傑之士、猾賊之民，往往隱於其間。以祖宗之英武，削平五代之亂，即使塔廟錯峙於四方，必有深意。葢國家所以棲育豪傑而導之使歸，措天下於無事之一術也。昔者秦苻堅以百萬之衆敗於東晉，悔不用釋道安言；梁元帝用陸法和部曲弟子，擒任約、困侯景；燕盜沙門法長為天子，破北平郡，轉寇廣都、白狼；宋盜推沙門道養為蜀王，改元，置百官，衆十餘萬；魏法秀構亂平城，幾危高祖。又法慶號大乘賊，攻陷州郡，殺刺史，三年而後定；唐僧圓淨連李師道，謀屠洛陽。此皆著在史冊，班班可考。以古推今，則所謂豪傑、猾賊雜有其間無疑也，惡可以忽而不綏靖之？自釋氏入中國，歷魏世祖、周高祖及唐武宗，凡三廢斥。然魏世祖時宋帝江南，周高祖與陳、齊三分天下，唐武宗世三鎮割據河朔，是皆僧有所牒，唐之都城、藩郡皆有留守。若夫舉天下而盡廢之，使之窮極，此古昔未之嘗試也。兵法，歸師勿遏，窮寇勿迫，圍城必缺，是豈有愛于敵哉，勢有所不可故也。

方今天下以六合為家，不可以魏、周、唐比。伏覩手詔，冠巾僧徒，禁梵語，以一道德。而凡庸不喻聖度之涵容，籍籍以謂遂將剗革經文，更造佛像，則是實廢其教，涕洟愁蹙，若無所歸。今若但易其號名而不變其

① “朝廷”，文津閣本同，《歷代名臣奏議》卷 182 作“朝政”。
② “取進止”，《歷代名臣奏議》卷 182 無。

容服，人必安之。必欲丕變，猶宜期以數年，俟其鬚髮既復①，使無媿於冠巾。又“一切如舊”之詔，儻加“佛像經文”四字以上，庶幾乎反側安矣。道家有言：“其微易散。”是故熛烟方發，則一指滅之而有餘；原燎既揚，則萬夫撲之而不足。方今念非太師，莫能精為上言此者。某不勝感恩慕用之心，獻其私憂過計於門下。

論建官劄子按此首從名臣奏議中補入

臣聞成周以來，官不必備。故唐建六曹，三百年間，尚書之見於史者不過數人。國家凡中都官亦多缺而不補。至崇寧間蔡京用事，乃始盡補臺察之缺，當時佞臣稱賀，以謂賢才衆多②，自是省寺之間始備官矣。方今當且罷不急之務，裁可省之官③。至於諸道郡縣之吏，祖宗所無者，皆宜量事定制，裁去冗濫，庶幾安民豐財以濟武事。且多故時，振興蠱壞，則有隨事之宜。又當增官置吏者非一，若不暫損所緩以赴所急，素食猥衆，則國將何以給之？

① “復”，原作“服”，據文津閣本改。
② “以謂”，原作“以為”，據文津閣本、《歷代名臣奏議》卷162改。
③ “裁”，文津閣本同，《歷代名臣奏議》卷162作“闕”。

襄陵文集·卷五

奏疏

因時立政疏按此首從名臣奏議中補入

謹攷諸經傳，神降而明出，則其數為二，其象為火。火象在天，經星二，緯星一，所謂熒惑，緯星也；東方之心，南方之咮，經星也。熒惑遲疾、逆順、伏見之不常，故不可以紀時。若心與咮，則有定次，有常時，是以帝王取節焉。然《堯典》所謂"日永，星火，以正仲夏。"《豳》詩所謂"七月流火，九月授衣。"凡稱火者，皆心星也。昔盖自陶唐以來，以心為火政之君矣，何則？均是火也，而心為大辰，是以咮為鶉火。心為大火，大火之所以為大者，天以心為明堂故也。昔陶唐氏之火正閼伯居商丘，祀大火，故辰為商星。而我宋以珍光醇耀，天明地德，受命主之，則明堂之政不可不謹於此。

大火以三月昏見於辰，以九月伏於戌，先王之火政視焉。鄭以三月作火鑄刑器，而士文伯知其将災。周之三月，今正月也。大火未出而人作之，則與天拂，是以火出而災報之。然則所謂出内火者，謂大陶冶非常火也。又火之變於天地之間，能革物氣以日新，其在《易》象［曰］：① "木上有火，鼎。②"鼎者，取新之卦也。明堂之頌曰："我将我享，維羊維牛，維天其右之。"牛羊之享，蓋鼎實也。是故明堂與鼎相因而成象，③ 相待而成禮，相須而為國，審矣④。鼎象"木上有火"，是以先王四時以木變火焉，而時各有［所］宜木⑤。所謂榆柳，木之木也；棗杏，火之木也；桑柘，土之木也；柞楢，金之木也；槐檀，水之木也。火之變各以其時，則物之新皆得

---

① "曰"字原無，據《易經·鼎卦》五十補。

② "鼎"前原衍一"曰"字，據《易經·鼎卦》五十删。

③ "明堂與鼎相因而成象"，文津閣本、《歷代名臣奏議》（明永樂本、文淵閣本）卷 304 同，《歷代名臣奏議》（文津閣本）卷 304 作"明堂之與鼎也固所以相因而成象"。

④ "審"，文津閣本同，《歷代名臣奏議》卷 304 作"鎮"。

⑤ "所"字原無，據《歷代名臣奏議》卷 304 補。

天地之正氣，而人食飲焉，此疾癘之所以不作也。昔晉之遷，有持洛陽火渡江者，云世世傳之，其火不滅。火色變青，至唐氣不復熱，則知火之新舊，氣性必異，審矣。此火不可不變之驗也。師曠侍食於晉平公，曰："飯，勞薪所炊。"平公使人視之，果車輞也。則是木實變火之氣性，火實變物之臭味，亦審矣。此木不可不擇所宜之效也。

伏願明詔有司，四時必倣古法，各變其所宜木以為國火，而傳之臣庶。若國有大陶冶，則皆作於三月建辰之後，而止於建戌，以奉大辰之政，而協景炎之運，輔成明堂調鼎之治。天下幸甚。

賞戰士疏① 按此首從名臣奏議中補入

[臣承中書省兵房送到詞頭一道，為武節郎董成部一百五十四人折亡外，亡失二人，轉一官、減三年磨勘；武經郎郭寧部二百七十二人折亡外，亡失二人，轉兩官事。]② 臣聞兵家之法，使貪者為我爭，使愚者為我死。夫若是者非他，有利以導之也，則賞固不可以不厚。雖然，爵禄顯設於朝，維其得之難也，是以人危身而取之。使其欲而易得，得而已充③，則人孰復肯輕身冒矢石，陷堅拔敵，為國行此危事而求奇功哉？故無功而賞則有功者怠，効薄而賞厚則人無志於極功，而國不收其偉績，是賞不可以不審也。

昔景德間，契丹犯澶淵，真宗皇帝親駕征之。自是強虜請盟，④ 至今不復窺邊。然而師還賞功，如大帥李繼隆等，不過進階次、加食邑；雖周文質身督所部，射撻覽而殪之⑤，酋帥既亡，虜衆遂潰⑥，然亦不過小遷其秩而已。又熙寧用兵安南，郭逵為帥，大破賊兵於富良江，自是交阯不敢復

---

① 《宋朝諸臣奏議》卷 97 作"上徽宗論西師賞功之濫"。
② "臣承中書省"至"轉兩官事"原無，據《宋朝諸臣奏議》卷 97 補。
③ "已"，文津閣本、《歷代名臣奏議》卷 188 同，《宋朝諸臣奏議》卷 97 作"易"。
④ "强虜"，原作"强敵"，據《歷代名臣奏議》卷 188、《宋朝諸臣奏議》卷 97 改。
⑤ "撻覽"，原作"敵帥"，據《歷代名臣奏議》卷 188、《宋朝諸臣奏議》卷 97 改。
⑥ "虜"，原作"敵"，據《歷代名臣奏議》卷 188、《宋朝諸臣奏議》卷 97 改。

動。神宗皇帝猶以師無大功，斥其賞。是時，燕達最有功，不過進秩二等。蓋故時邊賞若斯之艱者，將復有以用之故也。比者西師，賴陛下神明威武，羌戎震慄，屈膝請服，然其桀黠反覆，尚未可以保其往，則將吏之賞，不可不留其未滿之意，以待復用也。

臣自蒙恩，使得待罪掖垣，與兵房事。月餘日間，[①] 伏見西師賞功凡行一百七十餘人，積除二百五十餘官，其間轉行遥郡者凡二十餘，減磨勘者不復數計。距臣領事之前，則所賞不知其幾何也。雖臣之愚，不足以權戎事之大計[②]，然願陛下參諸景德、熙寧審賞之意，稍謀所以酌損此者[③]，故臣輒敢因董成、郭寧之事而推言之，非特為此二人惜數官而已也。謹按《周官》，六功之賞，“戰功曰多”。所謂多者，非特貴夫多算。古者振旅，則飲至於廟，以數軍實，計所獲多以為勝焉。今二人之兵，以其所獲除其所亡，猶不足也，則是得不酬失，功不補過，而亦蒙厚賞於朝。臣欲遂行其詞，則不知所以為說，是以冒昧而請之。[④]

河北戎政疏按此首從名臣奏議中補入

臣聞虜方駐營朔野，[⑤] 闚兵太行，而种師道兵距河未渡，此挫師之鋭而示敵以弱，臣以為非便。昔董卓自言討先零日，留司馬劉靖屯兵安定以為聲勢，虜欲斷卓歸道[⑥]，小擊輒開者，以安定有兵故也。虜謂安定當數萬人，[⑦] 不知但步騎四千而已。故知兵之勢要恃聲援，非必實加之也。

今我控扼狼車而大兵渡河，號十萬衆，此足以震敵人之心而增諸鎮之

① “日間”，文津閣本、《歷代名臣奏議》卷188同，《宋朝諸臣奏議》卷97作“之間”。
② “權”，文津閣本、《歷代名臣奏議》卷188同，《宋朝諸臣奏議》卷97作“議”。
③ “稍謀”，文津閣本、《歷代名臣奏議》卷188同，《宋朝諸臣奏議》卷97作“稍求”。
④ 《宋朝諸臣奏議》卷97後多小字注“宣和元年上時為中書舍人”。
⑤ “虜”，原作“北”，據《歷代名臣奏議》卷231改。
⑥ “虜”，原作“寇”，據《歷代名臣奏議》卷231改。
⑦ “虜”，原作“寇”，據《歷代名臣奏議》卷231改。

氣，欲戰則可以及事，欲和則易與之講，此賢於老師不用，而縱敵殘暴，何啻萬萬也！願陛下下臣之言，詔大臣與种師道熟議其便。然臣累論种師道今不可廢，已蒙聖慈許令師道制置河北。戎事之機，間不容髮，而逮今十三四日未聞施行。今雖用師道言，恐亦未必能盡其心，以朝廷任之不專、信之不一故也。更望睿斷，早圖任之。

乞加恩死事疏按此首從名臣奏議中補入

臣伏見畿甸戎馬以來，戰士僵僕，居民流亡①。今兵既解，所宜矜恤。陛下聖慈，哀痛元元，比已詔降度牒②，召人掩骼埋胔，然猶道塗暴露，久未盡藏，恐傷士卒之鬬心，亦損天地之和氣，春晴薰蒸，化為癘疫。昔漢高祖下令軍士不幸死者，吏為衣衾棺斂，四方歸心焉。此高祖所以取天下之道也，不可不察。

又近累有雍丘、尉氏等縣詣臺訴免和糴，方戎馬蹂踐之餘，復軍須饋運之後，十室九空，未有生理，而官司遽復督責，使之頭會箕斂，非所以固邦本也。矧惟畿邑拱衛都城，祖宗加厚以待緩急，今不鎮撫，使之重困，將散之四方，則都城孤危。

臣愚願詔官司選忠良吏，令分按田野，掩瘞遺骸。又願陛下齊心垂哀於清穆之中，敕中外寺觀為死事者祈福，所在厚卹其家，以勸忠義之節於方來。戒漕司非具見錢，不得和糴於民。勞來安集，使之復業。以昭太平之象，而正再造之基。

---

① “流亡”，原作“流散”，據《歷代名臣奏議》卷107、文津閣本改。

② “度牒”，原作“度諜”，據《歷代名臣奏議》卷107、文津閣本改。

慎用人材疏按此首從名臣奏議中補入

臣聞《否》、《泰》以類相反，《否》則小人以類來，《泰》則小人以類往。先王之智，不能遍知四方萬里之遠，使君子小人不亂於前者，要在求其類之所自，推而廣之，如裘挈領，則順者不可勝數也。

方今天下姦惡如織，蕪穢郡縣，戕賊黎元。凡才無爛羊之能，冒寵有續貂之嘆。吏部充塞，無闕以擬注；版曹空匱，不給於禄廩。若不一大鐽革，恐終不可有為。今以軍興多故，郡縣賞遺。鞭笞良民，無直而糴，上下皆敝，公私甚勞。而姦宄無用之人坐縻倉廩之蓄，此所謂繁其華者傷其實，披其枝者傷其根者也。願詔吏部稽考庶官，凡由楊戩、李彥之公田，王黼、朱勔諸道之應奉，童貫、譚稹等西北之師，孟昌齡父子河防之役；與夫夔蜀、湖南之開疆，關陝、河東之改幣，吳越、山東茶鹽、陂田之利，宮觀、池苑營繕之功，後苑、書藝局、文字庫所與之賞，滛朋比德，各從其類；又若近習所引、獻頌所採、効用有力、應奉有勞、特赴殿試之流，此皆殃民蠹國、敗俗妨賢、姦宄取位、賕賄買官，所叨恩數，不限高卑，一切褫奪，還其本秩。若非此族而横竊名器，如横行、節度之貴仕，祕閣、延殿之華資，或以童稚、奴僕而濫膺，或以商賈、胥役而貨取①，人人論列，簡牘徒繁。願令吏部各具閥閱，諸臺諫分使看詳，上之朝廷，次第裁抑。其坐公田得罪如鮮于可，非理譴逐，宜自元斷月日，復其資秩、恩數而升擢之，以勸忠諒。然後位著可清，賢能可進，生民可安，國用可節。昔唐斜封墨敕官，一日停數千員不以為疑，今亦何難哉！

夫糞土為墻，匠石不能施塗塈；鄭衛調瑟，后夔難以致簫韶。《詩》曰："周雖舊邦，其命維新。"願陛下順天休命而一新之也。

---

① "胥役"，文津閣本同，《歷代名臣奏議》卷141作"胥徒"。

辨忠邪疏按此首從名臣奏議中補入

臣聞君子謂小人為邪，小人亦謂君子為邪，君子小人雜進於前，而忠邪之説交至無已，則人君何以定之？臣前日始為中司，為淵聖言明主之聽天下言，陳之之日皆有冊籍，成敗既效，賞罰隨之。今如臣言某人忠賢，某人姦佞，某事如是而將成，某事如是而將敗，陛下退朝則籍其説，審克夷考而卒不讎也，則按臣之言而坐其妄。夫如是，則言者莫敢妄言。黼扆之前，都俞清矣。

又廷臣之間必有朴茂抗直、① 忠信不欺之士。慱詢熟察，審得一人，則衆言殽亂可質而定。蓋忠邪之在朝廷，譬如耳目鼻口之在人面，己不自見而隆窊醜好，人能昭昭言之。是故君於諸臣，雖甚近而難知，得一信人在側，則朝廷忠邪莫能相亂，觀者易審故也。夫君志不定，則羣言繁興；羣言不治，則政法大亂。古之明主能以其躬為天下正者無他，精意不煩，約而易守，如斯而已矣。

用大臣以勵風俗疏按此首從名臣奏議中補入

臣聞國家之基，繫風俗之盛衰；風俗之變，視大臣之進退。祖宗以來，大臣有體，入則弼廟堂，出則奠藩鎮。進退之度，昭然可觀。比年大臣重去位而輕守節，既解政機，猶復顧望，躊躇闕庭，以幸復用。故蔡京、王黼盤踞都城，如古栢根，不可動移。數十年間，風俗大壞。禮義廉耻之節亡，而寵禄姑息之欲勝。此既徃不可追已，矯而正之，要在今日。

伏自陛下即位以來，則白時中、李邦彦、王孝迪、蔡懋相繼罷政，皆

---

① “抗直”，文津閣本同，《歷代名臣奏議》卷205作“沉詳”。

領内祠，不去朝著。此蹈京、黼之轍迹，違祖宗之法令。臣竊度邦彦方受恩旨，必將禮辭。伏願陛下因此罷之，則時中等亦將自請。上不失國家寵遇之恩，下以全大臣進退之義。明示大正，以定國經，天下幸甚。

乞復用种師道疏①

臣伏見宣制，罷樞密使种師道提舉中太一宫②。中外聞之，悵然失色。按師道名將，沉毅有謀③，山西士卒④，人人信服。臣以臺制，不得身見師道，然素聞其賢如此。自兵興以來，臣所詢訪數十百人，皆言師道雖以老疾，智慮不衰⑤，而獨聞諸朝廷，以為老無計策，不可復用，異於國人。臣考古進賢之法，在《易》之《晉》，其六三曰："衆允之志，上行也。"夫人各有私，合衆則公。故必衆允其賢也，而後可進，此《孟子》所謂"國人皆曰賢，然後察之"者。人君之所聽察如此，可謂較且易矣，是以用無不當。後世不稽於衆，而欲恃一己之明，以周知人之所藴，是以拔十得五，尚曰比肩。謂其黯闇艱難，失人之多也。陛下欲求知人之術，則觀諸《易》象而質諸《孟子》，［其亦可矣］。⑥ 臣恐左右諸大夫一旦論种師道，⑦ 不如國人素信之審也。

昔秦始皇老王翦而用李信，兵辱於楚，乃自馳見王翦，謝之曰："將軍

---

① 《宋朝諸臣奏議》卷 142 作"上欽宗乞復用种師道"。

② "樞密使"，文津閣本、《三朝北盟會編》卷 33、《宋朝諸臣奏議》卷 142 同，《歷代名臣奏議》卷 238 作"樞密宣撫使"。

③ "有謀"，文津閣本、《三朝北盟會編》卷 33、《宋朝諸臣奏議》卷 142 同，《歷代名臣奏議》卷 238 作"有餘"。

④ "士卒"，文津閣本、《三朝北盟會編》卷 33、《宋朝諸臣奏議》卷 142 同，《歷代名臣奏議》卷 238 作"將士"。

⑤ "智慮"，文津閣本、《歷代名臣奏議》卷 238、《宋朝諸臣奏議》卷 142、《三朝北盟會編》（袁本）卷 33 同，《三朝北盟會編》（文淵閣本、文津閣本、許本）卷 33 作"智勇"。

⑥ "其亦可矣"原無，據《歷代名臣奏議》卷 238 補。

⑦ "一旦"，文津閣本同，《歷代名臣奏議》卷 238 作"之一旦"，《三朝北盟會編》卷 33、《宋朝諸臣奏議》卷 142 作"一旦之"。

雖病，獨忍棄寡人乎?”其後王翦卒以持重走楚軍,① 略定荆地。漢宣帝老趙充國，使問充國誰可將者，對曰：“無踰於老臣者矣。”充國與羌相拒，堅守不戰，羌豪相數責曰：“語汝無反，今天子遣趙將軍來，年八九十矣，善為兵。今請欲一鬬而死，可得耶?”後終漢之世，無西戎之患者，充國之力也。前世自吕望以來，用老將收功如此者難一二數②。至於趙用趙括，蜀用馬謖，宋用王元謨，皆見其平日論兵，智略縱横，使之當敵制變，卒皆折北不救。以古揆今，則師道之老而木訥，未當謂不可用也③。今令師道復統河朔之師，委制閫外之重，將吏素服，士卒素信，夷狄素畏④，易以定功⑤，此上策也。處之樞府，選將將兵，威名方略可以折衝，此次策也。今無故觧其兵權，委之道館⑥，使士氣銷沮，民心疑惑，臣竊恨之。

金賊此行,⑦ 存亡所係，今一大創使失利去⑧，則中原可保，四夷可服。失此機會，則非特將來再舉，必有不救之憂，臣恐西戎、南夷共知中國太弱，爭圖深入，為金賊之所為⑨，則我困於奔命，必不支矣。廷臣間憒憒不曉者固不足道，至於近有識者⑩，多能知之。然知之者莫肯力言，言之

---

① “走”，文津閣本、《三朝北盟會編》卷 33、《宋朝諸臣奏議》卷 142 同，《歷代名臣奏議》卷 238 作“破”。

② “一二數”，原作“一一數”，據《宋朝諸臣奏議》卷 142、《歷代名臣奏議》卷 238、《三朝北盟會編》卷 33 改。

③ “未當謂”，文津閣本、《歷代名臣奏議》卷 238、《宋朝諸臣奏議》卷 142、《三朝北盟會編》（文淵閣本、文津閣本、許本）卷 33 同，《三朝北盟會編》（袁本）卷 33 作“未必”。

④ “夷狄”，原作“遠人”，據《歷代名臣奏議》卷 238、《宋朝諸臣奏議》卷 142、《三朝北盟會編》（袁本、許本）卷 33 改。

⑤ “定功”，文津閣本、《歷代名臣奏議》卷 238、《宋朝諸臣奏議》卷 142、《三朝北盟會編》（袁本）卷 33 同，《三朝北盟會編》（文淵閣本、文津閣本、許本）卷 33 作“成功”。

⑥ “道館”，《歷代名臣奏議》卷 238、《宋朝諸臣奏議》卷 142、《三朝北盟會編》（文淵閣本、文津閣本）卷 33 同，文津閣本作“道觀”，《三朝北盟會編》（袁本、許本）卷 33 作“宫觀”。

⑦ “金賊”，原作“金人”，據《歷代名臣奏議》卷 238、《宋朝諸臣奏議》卷 142、《三朝北盟會編》（袁本、許本）卷 33 改。

⑧ “今一大創使失利去”，文津閣本同，《三朝北盟會編》卷（許本）33 作“今使一大創失利而去”，《三朝北盟會編》（文淵閣本、文津閣本）卷 33 作“今一大創之使失利去”。

⑨ “金賊”，原作“金人”，據《歷代名臣奏議》卷 238、《宋朝諸臣奏議》卷 142、《三朝北盟會編》卷（袁本、許本）33 改。

⑩ “近有”，文津閣本、《三朝北盟會編》卷 33、《宋朝諸臣奏議》卷 142 同，《歷代名臣奏議》卷 238 作“僅有”。

者莫肯疏奏，是又何也？人為身謀，[1] 畏執其咎。一有疏奏，形迹可按，不如容默，成敗不與。鄙夫事君，自古而然。

臣遭陛下休明之運，銜陛下［知遇］之恩[2]，自頂至踵，已許國矣。又當言責，不敢不盡。竊聞臺臣、諫官屢劾宇文虚中，朝廷重去虚中，而輕罷師道，此非特臣所不諭也。或謂師道足不良行，害於馳驅、朝謁奏事，此與國之安危，誰為輕重[3]？若孫臏坐輜車中為齊軍師，[4] 田千秋得乘小車至漢殿，貪賢尚能[5]，古有之矣。伏望聖慈哀臣惓惓憂國之計，[6] 更與大臣參之，不憚改命，天下幸甚。[7]

---

① "人"，文津閣本、《歷代名臣奏議》卷238同，《宋朝諸臣奏議》卷142、《三朝北盟會編》卷33作"知"。

② "知遇"原無，據《歷代名臣奏議》卷238補。

③ "誰"，文津閣本、《三朝北盟會編》卷33、《宋朝諸臣奏議》卷142同，《歷代名臣奏議》卷238作"孰"。

④ "若"，文津閣本、《歷代名臣奏議》卷238、《宋朝諸臣奏議》卷142同，《三朝北盟會編》卷33作"昔"。

⑤ "貪"，文津閣本、《歷代名臣奏議》卷238、《宋朝諸臣奏議》卷142同，《三朝北盟會編》卷33作"尊"。

⑥ "惓惓"，文津閣本、《三朝北盟會編》卷33、《宋朝諸臣奏議》卷142同，《歷代名臣奏議》卷238作"拳拳"。

⑦ "不憚改命天下幸甚"，《宋朝諸臣奏議》卷142、《三朝北盟會編》卷33無。"更與大臣參之"後，《宋朝諸臣奏議》卷142、《三朝北盟會編》（袁本、許本）卷33多小字注"靖康元年二月上，時為御史中丞。先是，虜師北歸，師道見上，言：'虜人不知兵，俟彼惰歸，乘其過河，半渡擊之，決勝可也。'上不從。師道歎曰：'必為後患。'尋罷為中太一宮使。翰累疏言師道不當罷。上曰：'師道老矣難用，當使卿見之。'翰見師道，言姚平仲城下用師之失，師道言：'我衆彼寡，但分兵諸寨，控守要害，使糧道不通，可破也。'翰歎息其言，復上此奏。"

襄陵文集·卷六

◇ 論

論用相[①]按此首從名臣奏議中補入

臣嘗學《易》，觀《否》、《泰》之象[②]，則知君子小人未嘗相無於天下。雖堯舜在上，世必有小人；雖桀紂在上，世必有君子。其所以更為治亂，相反如此者，堯舜錯之得宜，而桀紂置之失當也。故錯之得宜，則君子小人並受其福，是以皆謂之《泰》；置之失當，則君子小人各窮於禍[③]，是以同謂之《否》。所謂當與不當，要在内外之間而已矣。《泰》，内君子而外小人，則其象内健而外順；《否》，内小人而外君子，則其象内柔而外剛。剛者，君子之德；柔者，小人之德也。使君子有為於内，則内健，可以制天下；使小人委聽於外，則外順，而天下從之。何謂内外?《傳》曰："《睽》，外也。《家人》，内也。《否》、《泰》，反其類也。"故人君躬必與小人睽，而以君子為家人者，類固相反。雖然，人君以一人之明，而欲以盡知天下之君子，親之使為家人；又欲盡察天下之小人，睽而遠之，則雖堯舜之聖難於此[④]。然圖其易，則必有要矣。舜選於衆，舉臯陶，則不仁者遠；湯選於衆，舉伊尹，則不仁者遠。故《易》曰："君子有解，小人退也。"

前日，君子小人上下倒植，内外逆施，姦罔充斥，臣未易遽論。而獨竊怪陛下即位以来，朝廷之間未見《泰》象，臣是以請先論之。如近日王孝迪之昏庸，已污翰苑，而擢中書侍郎[⑤]；蔡懋之頑固，已敗樞府，而猶遷

---

① 《宋朝諸臣奏議》卷 48 作"上欽宗論卜天下安危在置相得失"。

② "觀"，文津閣本、《歷代名臣奏議》卷 141 同，《宋朝諸臣奏議》卷 48、《皇朝編年綱目備要》卷 30 作"考觀"。

③ "窮於禍"，文津閣本、《歷代名臣奏議》卷 141、《宋朝諸臣奏議》卷 48 同，《皇朝編年綱目備要》卷 30 作"罹其禍"。

④ "難"，文津閣本、《歷代名臣奏議》卷 141 同，《宋朝諸臣奏議》卷 48、《皇朝編年綱目備要》卷 30 作"猶難"。

⑤ "擢"字前，文津閣本多一"猶"字。

右丞。當時四方聞之，無不悵然失望。此則陛下既悟而罷之矣。今又將相張邦昌於廟堂，則是古之所謂外、今之所謂内，類進之禍，豈復勝言！臣竊意陛下聖明，豈不知前日之亂，皆生於大臣姦諛，不去此屬，無以為治。而相邦昌者，蓋或權以濟胡騎之行①，未必遂用。故臣未敢正擊，而一發其端於此。他日若果用之，則臣請得以死爭之。

臣以謂陛下正始之時，② 置相不可不謹。譬如植木，始得嘉木［而植之，則嘉木］有種，③ 其後材將不可勝用；始得惡木而植之，則惡木日滋，其極將至無復取材。且君臣一體，相須而成④，自昔未見有君無相而能成大業者也。故陛下欲為［漢］文帝，⑤ 則相必有陳平、周勃；欲為唐太宗，則相必有房玄齡、杜如晦；欲為堯舜、三代之君，則必有堯舜、三代之佐，而後紛無不解，為無不成。將前卜天下之安危，在始觀置相之得失，故願陛下考而慎之⑥。先王知人之道，要在公聽並觀，驗左右之言於諸大夫，驗諸大夫之言於國人，驗國人之言於其人可見之迹，灼知其賢而後用⑦。此《孟子》用人之法，⑧ 而《易》之所以為《泰》者。故臣輒敢論思，先之以為治本。⑨

---

① “胡騎”，原作“朔騎”，據《歷代名臣奏議》卷141、《宋朝諸臣奏議》卷48、《皇朝編年綱目備要》卷30改。

② “以謂”，原作“以爲”，據文津閣本、《宋朝諸臣奏議》卷48、《皇朝編年綱目備要》卷30、《歷代名臣奏議》卷141改。

③ “而植之則嘉木”原無，據《宋朝諸臣奏議》卷48、《皇朝編年綱目備要》卷30補。

④ “相須”，文津閣本、《宋朝諸臣奏議》卷48、《歷代名臣奏議》卷141同，《皇朝編年綱目備要》卷30作“相待”。

⑤ “漢文帝”，“漢”字原無，據文津閣本、《宋朝諸臣奏議》卷48、《皇朝編年綱目備要》卷30補。

⑥ “慎之”，文津閣本、《宋朝諸臣奏議》卷48、《歷代名臣奏議》卷141同，《皇朝編年綱目備要》卷30作“謹之”。

⑦ “後用”，文津閣本、《歷代名臣奏議》卷141同，《宋朝諸臣奏議》卷48、《皇朝編年綱目備要》卷30作“用之”。

⑧ “用人”，《皇朝編年綱目備要》卷30、《歷代名臣奏議》卷141同，文津閣本、《宋朝諸臣奏議》卷48作“用賢”。

⑨ “故臣輒敢論思先之以為治本”，文津閣本、《歷代名臣奏議》卷141、《皇朝編年綱目備要》卷30同，《宋朝諸臣奏議》卷48作“故臣輒敢先陳之以為治本”。且後多小字注“靖康元年二月上時為翰林學士”。

論　戰[①]

臣伏見金狄退師以来,[②] 朝廷搢紳上恬下嬉，幸於無事，恃以為安。而臣獨竊終夜不寐，方以為憂。夫以夷狄之性，貪惏無厭,[③] 而我既示之以弱，開之以利，不過一二歲，勢必復来。自所割三鎮，疾馳三日，則突騎犯都城，飛塵入宫闕矣。當此之時，金帛不可復得，地土不可復割[④]，邊鄙之師不可復召，智能之士不可復圖，萬世之變[⑤]，可勝言哉！

今聞姚古等兵已次國郊,[⑥] 竊謂陛下可以閫外之事制於將帥。[⑦] 若遣一介之使，可下下之；使不可下，則用兵不疑。臣嘗熟計：我戰而勝，則蒙福無窮；戰而不勝，則北阨井陘，西斷太行，内守大河，國固無患[⑧]。虜以殘弊將歸之兵,[⑨] 力必不能復取三鎮，故我勝亦利，不勝亦利，此可決戰一

---

① 《宋朝諸臣奏議》卷 142 作“上欽宗論決戰有五利”。

② “金狄”，原作“金人”，據《歷代名臣奏議》卷 231、《宋朝諸臣奏議》卷 142、《三朝北盟會編》（袁本、許本）卷 42、《皇朝編年綱目備要》卷 30 改。

③ “夷狄之性貪惏無厭”，原作“金人之性貪功好戰”，據《歷代名臣奏議》卷 231、《宋朝諸臣奏議》卷 142 改，《三朝北盟會編》（袁本、許本）卷 42、《皇朝編年綱目備要》卷 30 作“夷狄之性貪婪無厭”。

④ “地土”，文津閣本、《歷代名臣奏議》（永樂本、文津閣本）卷 231、《宋朝諸臣奏議》卷 142、《三朝北盟會編》（文淵閣本、文津閣本）卷 42、《皇朝編年綱目備要》卷 30 同，《歷代名臣奏議》（文淵閣本）卷 231、《三朝北盟會編》（袁本、許本）卷 42 作“土地”。

⑤ “變”，文津閣本、《歷代名臣奏議》卷 231、《宋朝諸臣奏議》卷 142、《三朝北盟會編》卷 42 同，《皇朝編年綱目備要》卷 30 作“憂”。

⑥ “等兵”，文津閣本、《歷代名臣奏議》卷 231 同，《宋朝諸臣奏議》卷 142、《三朝北盟會編》卷 42、《皇朝編年綱目備要》卷 30 作“引兵”。

⑦ “可以”，文津閣本、《歷代名臣奏議》卷 231 同，《宋朝諸臣奏議》卷 142、《三朝北盟會編》卷 42 作“可一以”。

⑧ “固”，原作“可”，據《歷代名臣奏議》卷 231、《宋朝諸臣奏議》卷 142、《三朝北盟會編》卷 42、《皇朝編年綱目備要》卷 30 改。

⑨ “虜以殘弊”，原作“敵以殘敝”，據《歷代名臣奏議》卷 231、《宋朝諸臣奏議》卷 142、《三朝北盟會編》（袁本、許本）卷 42 改。

也。虜欲既盈,[①] 將驕卒懈。時益暄暍,[②] 人馬喘汗。以我方鋭，擊其惰歸，此可決戰二也。我衆彼寡，以十當一。反顧者誅，旋踵者斬，使威令既必行，則罷弱者奮，况於關陝百戰之士，外誘以金繒，而内激以憤耻，破賊必矣，此可決戰三也。种師道持重名將，今雖老疾，智畧足恃。議者見其木訥，若無策畫，此蓋不以口擊賊者。昔趙括論兵，其父奢不能難也，而奢謂括將必敗趙師。宋文割據江左,[③] 聞王元謨論兵，飄飄有伊、洛間意，及使之將，望風奔潰。聞師道自少沈毅，盖其天性[④]。介胄之士，瞋目語難，自古而然，未可遂疑。况今濟以姚古，必能相與成功[⑤]，此可決戰四也。陛下仁聖，誠動萬姓，義感三軍，人人思為國死，以滌中原之恥，而發七廟之憤。夫天時易失，而人心難收。陛下今不乘此利勢，後必悔之。此可決戰五也。

今全軀保妻子之臣，務在張虜聲勢[⑥]，虚喝恐刦，苟安目前，遺患萬世[⑦]。此其意［亦］無他,[⑧] 不過慮戰不勝,[⑨] 則咎歸議者，使身不利；今

---

① “虜”，原作“敵”，據《歷代名臣奏議》卷 231、《宋朝諸臣奏議》卷 142、《三朝北盟會編》(袁本、許本) 卷 42 改。

② “暄暍”，文津閣本同，《歷代名臣奏議》卷 231 作“暄濁”，《宋朝諸臣奏議》卷 142、《三朝北盟會編》卷 42 作“暄熱”。

③ “宋文割據江左”，文津閣本、《歷代名臣奏議》卷 231 同，《宋朝諸臣奏議》卷 142、《三朝北盟會編》卷 42 作“宋文帝在江左”。

④ “天性”，文津閣本、《歷代名臣奏議》卷 231 同，《宋朝諸臣奏議》卷 142、《三朝北盟會編》卷 42 作“天姿”。

⑤ “成功”，文津閣本、《歷代名臣奏議》卷 231 同，《宋朝諸臣奏議》卷 142、《三朝北盟會編》卷 42 作“立功”。

⑥ “虜”，原作“敵”，據《歷代名臣奏議》卷 231、《宋朝諸臣奏議》卷 142、《三朝北盟會編》(袁本、許本) 卷 42、《皇朝編年綱目備要》卷 30 改。“聲勢”，文津閣本、《歷代名臣奏議》卷 231 同，《宋朝諸臣奏議》卷 142、《三朝北盟會編》卷 42、《皇朝編年綱目備要》卷 30 作“勢”。

⑦ “遺患”，文津閣本、《歷代名臣奏議》卷 231 同，《宋朝諸臣奏議》卷 142、《三朝北盟會編》卷 42、《皇朝編年綱目備要》卷 30 作“爲患”。

⑧ “亦”字原無，據《歷代名臣奏議》卷 231、《宋朝諸臣奏議》卷 142、《三朝北盟會編》卷 42、《皇朝編年綱目備要》卷 30 補。

⑨ “慮”，文津閣本、《歷代名臣奏議》卷 231、《宋朝諸臣奏議》卷 142 同，《三朝北盟會編》卷 42、《皇朝編年綱目備要》卷 30 作“謂”。

一主和，身保無患。明年盛秋，胡騎復来①，則必諉曰：國家事狄不至②，不得歸咎和者。姦囬自營，孰便於此！非復有為陛下、宗廟、社稷長慮卻顧者也③。夫一勝一負，兵家常勢，要觀大計如何爾④！議者以姚平仲前日妄動小衂，以謂王師不可復用⑤。《傳》曰："凡此蔡功，惟斷乃成。"故願陛下斷之而已矣。取進止。⑥

論三鎮⑦

臣伏見王師既行，⑧ 廟算未定，⑨ 此疑事也。古今盖未有能以疑事成功者。⑩ 故朝廷之意惑，則將帥之心不一；將帥之心不一⑪，則士卒之氣不鋭。斷而必行，鬼神避之，此精誠之力也。陛下欲斷今日之議，當究為和為戰卒當如何而已矣⑫。其中小小利鈍，非大計之所係也。昔漢高帝、蜀先

---

① "胡騎"，原作"朔騎"，據《歷代名臣奏議》卷 231、《宋朝諸臣奏議》卷 142、《三朝北盟會編》（袁本、許本）卷 42、《皇朝編年綱目備要》卷 30 改。

② "狄"，原作"敵"，據《歷代名臣奏議》卷 231、《三朝北盟會編》（袁本、許本）卷 42、《皇朝編年綱目備要》卷 30、《宋朝諸臣奏議》卷 142、《皇朝編年綱目備要》卷 30 改。

③ "復"，文津閣本、《歷代名臣奏議》卷 231 同，《宋朝諸臣奏議》卷 142、《三朝北盟會編》卷 42 同，《皇朝編年綱目備要》卷 30 作"真"。

④ "大計"，文津閣本、《歷代名臣奏議》卷 231、《宋朝諸臣奏議》卷 142、《三朝北盟會編》卷 42 同，《皇朝編年綱目備要》卷 30 作"大勢"。

⑤ "以謂"，原作"以為"，據文津閣本、《歷代名臣奏議》卷 231、《宋朝諸臣奏議》卷 142、《三朝北盟會編》（許本、文淵閣本、文津閣本）卷 42 改。

⑥ "取進止"，《宋朝諸臣奏議》卷 142、《三朝北盟會編》卷 42、《歷代名臣奏議》卷 231 無，《宋朝諸臣奏議》卷 142"斷之而已矣"後多小字注"靖康元年二月上時為御史中丞"。

⑦ 《宋朝諸臣奏議》卷 142 題作"上欽宗論決戰有五利"。

⑧ "既行"，原作"之行"，據《靖康要録》（十萬卷樓本）卷 3、《三朝北盟會編》卷 42、《宋朝諸臣奏議》卷 142、《歷代名臣奏議》卷 231 改。

⑨ "廟算"前，《歷代名臣奏議》卷 231 多一"而"字。

⑩ "古今"，原作"今古"，據《歷代名臣奏議》卷 231、《靖康要録》（十萬卷樓本）卷 3 乙。

⑪ "心不一"，文津閣本、《宋朝諸臣奏議》卷 142、《三朝北盟會編》卷 42 同，《歷代名臣奏議》卷 231、《靖康要録》（十萬卷樓本）卷 3 作"志分"。

⑫ "當如何"，文津閣本、《宋朝諸臣奏議》卷 142、《靖康要録》（十萬卷樓本）卷 3、《三朝北盟會編》卷 42 同，《歷代名臣奏議》卷 231 作"將如何"。

主皆號聰明神武，為一代之英雄。考其用兵，敗北無數。然其志氣挫而愈厲、抑而更揚者，① 大計已定於中，此其所以為英雄者也②。

陛下欲决和議，則臣願陛下取《太史公記·虞卿傳》，覽其反復，此往古之鑑也。方今若失三鎮二十州之地，則天下之勢已斷，西北無河東，則陝不可守；無河朔，則汴不可都，計不過謀渡江南。臣考永嘉渡江，能為東晋者，乃王導、謝安英賢相繼，扶危救傾，僅能立國，而中原丘墟，遂陷胡貊③。使世無王導、謝安之才，④ ［或有而不見施用，則東晋割據，猶恐未易為也。借使能為］，⑤ 則東晋宗廟可復立也，社稷可復建也。盜入陵寢取一抔土，則將若之何？言而至此，可為流涕！陛下永念方来之艱，則今日雖復騷動天下⑥，猶不得已。何者？擇禍莫若輕也。或者以為太祖即位以来，⑦ 未有江南、晋、蜀，而卒能混一區宇，臣以為不侔矣。太祖生長兵間，非若陛下繼體守文；建隆將士百戰精鋭，非若方今將不素養、兵不素練也。虜在掌握，⑧ 縱而不取，使之益張⑨，若之何而以太祖為言？⑩ 故凡守和議者，以國與人者也。

---

① “抑”，文津閣本、《宋朝諸臣奏議》卷 142、《靖康要録》（十萬卷樓本）卷 3、《三朝北盟會編》卷 42 同，《歷代名臣奏議》卷 231 作“絀”。

② “此”，文津閣本、《宋朝諸臣奏議》卷 142、《三朝北盟會編》卷 42 同，《歷代名臣奏議》卷 231、《靖康要録》（十萬卷樓本）卷 3 作“斯”。

③ “遂陷胡貊”，原作“遂分南北”，據《歷代名臣奏議》卷 231、《宋朝諸臣奏議》卷 142、《靖康要録》（十萬卷樓本）卷 3、《三朝北盟會編》（袁本、許本）卷 42 改。

④ “使世無”，原作“後世有”，據《歷代名臣奏議》卷 231、《靖康要録》（文淵閣本、文津閣本）卷 2 改。

⑤ “或有”至“能爲”原無，據《歷代名臣奏議》卷 231、《靖康要録》（文淵閣本、文津閣本）卷 2 補。

⑥ “騷動”，文津閣本、《靖康要録》（十萬卷樓本）卷 3、《三朝北盟會編》卷 42 同，《歷代名臣奏議》卷 231 作“勞動”。

⑦ “以来”，文津閣本、《歷代名臣奏議》卷 231 同，《宋朝諸臣奏議》卷 142、《靖康要録》（十萬卷樓本）卷 3、《三朝北盟會編》卷 42 無。

⑧ “虜”，原作“敵”，據《歷代名臣奏議》卷 231、《宋朝諸臣奏議》卷 142、《靖康要録》（十萬卷樓本）卷 3、《三朝北盟會編》（袁本、許本）卷 42 改。

⑨ “使之益張”，文津閣本、《三朝北盟會編》卷 42、《宋朝諸臣奏議》卷 142 同，《靖康要録》（十萬卷樓本）卷 3、《歷代名臣奏議》卷 231 作“使益張大”。

⑩ “若之何而以太祖為言”，文津閣本、《三朝北盟會編》卷 42、《宋朝諸臣奏議》卷 142 同，《靖康要録》（十萬卷樓本）卷 3、《歷代名臣奏議》卷 231 作“復何以敵不得以太祖言”。

陛下欲决戰議，則臣之所陳可戰者五，已具前奏矣。今使虜不釋憾，[①]則渡河之師當戰。戰則必有漕運之役，有應援之兵，有扼據之要[②]，皆當素治。不計小却，但責成功[③]。而後將帥志一，士卒氣奮，三鎮之守，有死無二。若我將以疑遣，師以苟行，[④]則精鋭已亡，何以取勝？凡今為和議，[⑤]苟取目前之無事，然亦未可必也[⑥]。臣聞西北之民，人人相語曰："吾屬與其為虜，[⑦]則寧南向作賊，死為中原鬼。"使三鎮之衆發憤怨懟，人為寇攘，非小變也。故姑息目前，亦未易得，况又方来之患，亦未知稅駕歟！

自古用兵，必有異議。成王之時，周公東征，"民［獻］有十夫予翼"而已[⑧]，其他"罔不反曰：'艱大'"[⑨]。晉武與杜預謀取江南，大臣賈充等皆力爭之，獨一張華賛定大計。唐憲宗用武元衡、裴度謀討淮西，盜殺宰相[⑩]，朝廷震恐，請罷裴度，以安諸鎮。憲宗大怒，討蔡益急。唐之威令，自是復振。周世宗初即位，北漢引契丹入寇河東，世宗自將禦之，宰相馮道固爭不得。周之功烈，自是遂興。《書》曰："惟克果斷，乃罔後艱。"陛

---

① "虜"，原作"敵"，據《歷代名臣奏議》卷 231、《宋朝諸臣奏議》卷 142、《靖康要録》（十萬卷樓本）卷 3、《三朝北盟會編》（袁本、許本）卷 42 改。"釋憾"，文津閣本、《宋朝諸臣奏議》卷 142、《靖康要録》（十萬卷樓本）卷 3、《三朝北盟會編》卷 42 同，《歷代名臣奏議》卷 231 作"辭城"。

② "扼據"，文津閣本、《歷代名臣奏議》卷 231 同，《宋朝諸臣奏議》卷 142、《靖康要録》（十萬卷樓本）卷 3、《三朝北盟會編》卷 42 作"屯據"。

③ "但"，文津閣本、《宋朝諸臣奏議》卷 142、《靖康要録》（十萬卷樓本）卷 3、《歷代名臣奏議》卷 231 同，《三朝北盟會編》卷 42 作"專"。

④ "將以疑遣師以苟行"，文津閣本、《靖康要録》（十萬卷樓本）卷 3、《三朝北盟會編》卷 42、《宋朝諸臣奏議》卷 142 同，《歷代名臣奏議》卷 231 作"以疑遣將師以苟行"。

⑤ "和議"，文津閣本、《三朝北盟會編》卷 42、《宋朝諸臣奏議》卷 142 同，《歷代名臣奏議》卷 231、《靖康要録》（十萬卷樓本）卷 3 作"和議者"。

⑥ "然亦未可必也"，文津閣本、《三朝北盟會編》卷 42、《宋朝諸臣奏議》卷 142 同，《歷代名臣奏議》卷 231 作"則又未必可取"，《靖康要録》（十萬卷樓本）卷 3 作"則又未可必也"。

⑦ "爲虜"，原作"順敵"，據《歷代名臣奏議》卷 231、《宋朝諸臣奏議》卷 142、《靖康要録》（十萬卷樓本）卷 3、《三朝北盟會編》（袁本、許本）卷 42 改。

⑧ "獻"字原無，據《歷代名臣奏議》卷 231、《靖康要録》（十萬卷樓本）卷 3、《尚書・大誥》補。

⑨ "艱大"，原作"艱哉"，據《歷代名臣奏議》卷 231、《宋朝諸臣奏議》卷 142、《靖康要録》（十萬卷樓本）卷 3、《三朝北盟會編》卷 42、《尚書・大誥》改。

⑩ "宰相"，文津閣本、《宋朝諸臣奏議》卷 142、《靖康要録》（十萬卷樓本）卷 3、《三朝北盟會編》卷 42 同，《歷代名臣奏議》卷 231 作"元衡"。

下所以疑者，度衆人必以姚平仲前日之敗自持其説[①]。近种師道為臣言：平仲所以不利者，[②] 刼寨之法，不用大兵，當小擾之[③]，使自蹂藉，而後可乘；又地勢横入江河中，度兵隘橋，此利誘使出戰，不利以兵入鬬也[④]。臣以是知師道有謀。[⑤] 故前日之功，失在不用老將而用驍勇[⑥]，不恃謀將而恃詞説，非兵不可用也[⑦]。昔石晋開運之變，契丹始入，敗不窮追，近冬復大来，遂陷都城。國朝景徳，契丹入寇，澶淵之役，亦不窮追，而與虜和親[⑧]。夫開運、景徳驅逐之策同而成敗之效異者，何也？開運之時，中國方弱，而示之以畏，故虜復来[⑨]。景徳之間，中國正强，受之以和，故虜遂定[⑩]。今議者不鑒開運縱敵之患，欲為景徳之寛大，則可謂不知時矣。陛下何以不試使議割地者身任數年，虜不復入[⑪]，則臣知議者必將難之。夫

---

① "敗"，文津閣本、《宋朝諸臣奏議》卷 142、《靖康要録》（文淵閣本、文津閣本）卷 2、《三朝北盟會編》卷 42 同，《歷代名臣奏議》卷 231 作"無功"。

② "近种師道為臣言平仲所以不利者"，文津閣本、《靖康要録》（十萬卷樓本）卷 3、《三朝北盟會編》卷 42、《宋朝諸臣奏議》卷 142 同，《歷代名臣奏議》卷 231、《靖康要録》（文淵閣本、文津閣本）卷 2 作"臣近問种師道平仲所以不利者師道為臣言"。

③ "小"，文津閣本、《歷代名臣奏議》卷 231 同，《宋朝諸臣奏議》卷 142、《靖康要録》（十萬卷樓本）卷 3、《三朝北盟會編》卷 42 作"少"。

④ "入鬬"，文津閣本、《歷代名臣奏議》卷 231 同，《宋朝諸臣奏議》卷 142、《靖康要録》（十萬卷樓本）卷 3、《三朝北盟會編》卷 42 作"入寇"。

⑤ "以是"，文津閣本、《宋朝諸臣奏議》卷 142、《靖康要録》（十萬卷樓本）卷 3、《三朝北盟會編》卷 42 同，《歷代名臣奏議》卷 231 作"是以"。

⑥ "驍勇"，文津閣本、《宋朝諸臣奏議》卷 142、《靖康要録》（十萬卷樓本）卷 3、《歷代名臣奏議》卷 231 同，《三朝北盟會編》卷 42 作"驍將"。

⑦ "可用"，文津閣本、《宋朝諸臣奏議》卷 142、《三朝北盟會編》卷 42 同，《歷代名臣奏議》卷 231 作"當用"。

⑧ "虜"，原作"敵"，據《歷代名臣奏議》卷 231、《宋朝諸臣奏議》卷 142、《靖康要録》（十萬卷樓本）卷 3、《三朝北盟會編》（袁本、許本）卷 42 改。

⑨ "虜"，原作"寇"，據《歷代名臣奏議》卷 231、《宋朝諸臣奏議》卷 142、《靖康要録》（十萬卷樓本）卷 3、《三朝北盟會編》（袁本、許本）卷 42 改。

⑩ "虜"，原作"寇"，據《歷代名臣奏議》卷 231、《宋朝諸臣奏議》卷 142、《靖康要録》（十萬卷樓本）卷 3、《三朝北盟會編》（袁本、許本）卷 42 改。

⑪ "虜"，原作"寇"，據《歷代名臣奏議》卷 231、《宋朝諸臣奏議》卷 142、《靖康要録》（十萬卷樓本）卷 3、《三朝北盟會編》（袁本、許本）卷 42 改。

［爲］國不保數年之安，[①] 而欲定萬世之策，必不能矣[②]！乞下臣章，[③] 使有司定議。[④]［取進止］。[⑤]

論用將

臣伏見艱難以来，用將不專稟命朝廷，故使大帥節制難一，機會屢失，虜勢益張[⑥]。欲苟無事而變更愈繁，欲姑休息而息肩無日，此忠憤憂國之士所以中夜慨歎，撫枕而興也。今既明示天下以弱，是以河東之兵深入而不忌，陕西之寇内侮而不止[⑦]，情勢至此，亦已棘矣。若不一大變前所為，恐不復可濟。為今計者，獨有起种師道，聽以大計，朝廷但責成功而已。

昔漢［高］帝取魏，[⑧] 但問大將、步將、騎將為誰，知非韓信等敵，遂决不疑。以是知用兵之法，要在論將。而議者以种師道、姚古有怨，故罷師道而用古。然臣竊觀漢高祖始用陳平護軍，諸將不服，更使盡護諸將，諸將乃不敢言。韓信初拜大將，一軍皆驚，高祖不恤也。光武之時，賈復常欲手殺寇恂，光武躬譬解之曰："天下未定，兩虎安得私闘？今［日］朕分之。[⑨]"卒使二人結歡而去。

今陛下欲正天下，則宜如高祖；欲和調將帥，則宜如光武。方乏材時，將臣至少，豈得使之一廢一植？至於勤王之師，雖已罷遣，今恐事棘，不

---

① "爲"字原無，據《歷代名臣奏議》卷 231、《靖康要録》（十萬卷樓本）卷 3 補。

② "不能"，文津閣本、《宋朝諸臣奏議》卷 142、《三朝北盟會編》卷 42 同，《歷代名臣奏議》卷 231、《靖康要録》（十萬卷樓本）卷 3 作"不然"。

③ "乞"，文津閣本、《宋朝諸臣奏議》卷 142、《靖康要録》（十萬卷樓本）卷 3、《三朝北盟會編》卷 42 同，《歷代名臣奏議》卷 231 作"願"。

④ "定議"後，《宋朝諸臣奏議》卷 142 多小字注"靖康元年二月，詔：安危之策甚大，可令三省、密院議取長策以付諸將。"

⑤ "取進止"三字原無，據《靖康要録》（十萬卷樓本）卷 3 補。

⑥ "虜"，原作"敵"，據《歷代名臣奏議》卷 238 改。

⑦ "不止"，文津閣本同，《歷代名臣奏議》卷 238 作"方興"。

⑧ "漢高帝"，"高"字原無，據《歷代名臣奏議》卷 238 補。

⑨ "日"字原無，據《後漢書》卷 16《寇恂傳》補。

免復召。但使河朔賊破，則河東賊勢自絀，要之非一大勢，恐無休息之時。伏願陛下更與大臣［反覆］熟慮，[①] 早定大計。今日之事已難於前日，安知後日不又難於今日也？而議者猶欲循前之姑息，前之得失亦可鑑矣。取進止。[②]

論學校謗傷[③]

臣聞萬人所聚，必有公言。《傳》曰："防民之口，甚於防川。"川大决而犯傷必多，[④] 是以監謗而衰周亂，禁言而强秦亡。《無逸》之訓曰："小人怨汝詈汝，則皇自欽德。"[⑤]"不啻不敢含怒。"此疏川而導之之術也。昔者，鄭人游於鄉校，以議執政之善否。或謂子産："盍毁鄉校？"子産曰："其所善者，吾則行之；其所惡者，[⑥] 吾則改之，是吾師也，若之何毁之[⑦]"？

國家自王安石持矯拂世俗之説，流弊至今，其患可見。陛下方將公聽並觀，力矯此弊，優容受納，務盡羣情。前日宰相吳敏留李邦彦，止是避嫌分謗，因以鎮撫士民，而或者未達其心，謂為力排公議，或私相譏謗[⑧]，責臣不言。臣謂但使朝廷德日以勝，則此等疑論自當衰熄。竊聞臺臣論奏學校謗傷宰相、中丞等事，[⑨] 臣恐陛下遂行其言，則將使忠鯁杜塞，譏毁不聞，朝廷蔽蒙，復如前日。此亂亡之機也，不可不審。伏望聖慈勿下其

---

① "反覆"原無，據《歷代名臣奏議》卷238補。

② "取進止"，《歷代名臣奏議》卷238無。

③ "論學校謗傷"，《宋朝諸臣奏議》卷19作"上欽宗論學校謗傷事"。

④ "川大决而犯傷必多"，文津閣本、《歷代名臣奏議》卷205同，《宋朝諸臣奏議》卷19作"大决所犯傷人必多"。

⑤ "欽"，原作"敬"，據《歷代名臣奏議》卷205改。

⑥ "其所惡者"，原作"其不善者"，據《左傳·襄公三十一年》改。

⑦ "若之何毁之"，原作"毁之何爲"，據《左傳·襄公三十一年》改。

⑧ "或"字前，《歷代名臣奏議》卷205多一"計"字。

⑨ "中丞"，文津閣本、《歷代名臣奏議》卷205同，《宋朝諸臣奏議》卷19無。

奏，① 以来四方之賢，② 而通天下之志。③

論宦官

臣竊考觀載籍，自春秋以来，國家昌大、世祚綿永者，惟漢與唐。至於我宋，方建萬世之統，此近古之三代也。漢唐亂亡，皆坐内侍，為我宋鑑，可謂明矣，是以不可不察。

漢唐之季世，治平積久，人主不憂敵國外患而安於佚樂，不親法家拂士而昵於近習。於是姦宄得乘其間，興宫室、池苑壯麗之觀，致妖冶靡曼傾惑之色以蔽其明；為讒諂導諛險詖之辭，奏囂塵淫放鄭衛之音以亂其聽；諱避危亡之言，緣飾隆平之事，使之燕安豫怠，廣侈無憂以壞其志。而後扶輿骩骳以導之喜，忿懟恥辱以導之怒，祈求要請以導之施，私相竊語，一嚬一笑，皆能陰陽人主之意，使國［家］威福潛移④。於是大阿之柄始倒持於下矣，其漸至此，則各隨其世，事勢之流，相激生變，為亂不同，同歸於亡。

東漢祖尚名節，士大夫各持清議以爭之，故其季殺戮忠良，禁錮賢儁。袁紹乘天下之忿，起而誅之，而後漢亡。唐北司本兵，權重東漢，而士大夫莫與之敵。是以世無黨錮之禍，而帷闥之隸勢陵人主，幽辱廢置，無不如意。朱温乘天下之忿，起而誅之，而後唐亡。本朝北司之盛殆過漢唐，學士大夫凜凜久矣。前日緣太學生伏闕論事，數萬之衆不約而從，發憤嚾呼，若天導之，使北司之勢不誅而自折，則袁紹不復施其謀而朱温無所加其暴，此所謂宗廟之靈、社稷之福也。《書》云：“天視自我民視，天聽自我民聽。”民之所欲，天必從之。是故上酌民言，則下天上施。陛下於何容

---

① “奏”，文津閣本、《宋朝諸臣奏議》卷19同，《歷代名臣奏議》卷205作“章”。
② “賢”，文津閣本、《歷代名臣奏議》卷205同，《宋朝諸臣奏議》卷19作“言”。
③ 《宋朝諸臣奏議》卷19後多小字注“靖康元年二月上時除御史中丞。”
④ “國家”，“家”字原無，據《歷代名臣奏議》卷293補。

心，亦憲天而已矣。凡退聽者無所歸怨而國制大定，是乘一時之變而建萬世之利也。而議者猶或非之，夫前日但緣務專國是，不酌民言，鬱其忿怨，以至於此。

漢唐之季，變生豪傑，其禍至於不可復救。今國家徒以赤子啼號赴訴其枉，一言撫之而萬姓返室，懷仁歸德，豈不賢於前世萬萬也哉！此臣之所以為陛下賀也。臣竊過計，但慮事定之後，邪説搖奪，哀祈感動，法不終守，是以敢申言之。謹案《周官》，宦寺皆隸冢宰，惟内小臣上士四人，鄭康成以為異其賢者，餘不過僅數十人，未有登於下士者也，是以内侍之禍不產於三代之前。使國家能按今日之法而世守之，則内侍得以保身延祀，不罹誅殺於下，而國家因之垂化定治，不憂禍亂於上。内外休寧，不亦懿乎？故願下臣章於内省，揭示成憲，永戒前非。天下幸甚。

議

明堂時令議

某聞天人之際，[①] 精祲相蕩。象類相取，無定方體，惟所感變。是以古先聖王深觀乎天道，而均調以人事。在《易》之《復》曰："先王以至日閉關，商旅不行，后不省方。"商旅者，陰也；后者，陽也。日之始至，陰壯陽微，故使閉關，商旅不行，以遏陰氣。而后不省方，深存而致養，其一以定陽德。冬至者，一歲之始也。先王終歲之事，輔相天道，類悉如此。而《易》不可以徧舉，故於《復》首一見之，而世得以類推焉。凡陰陽五行之變，本原於《易》，而降在《洪範》，散在《太玄》，惟深思知化之時，能使道通為一。

某嘗竊原天地之數，考諸《洪範》而為之説曰：形凝於西而觀生於東，

① "某"，文津閣本同，《歷代名臣奏議》卷304作"臣"。

故木為貌；聲動於東而節成於西，故金為言。木生火，故貌可視也；金生水，故言可聽也。二之照也，麗乎有方，比視遠之明也；一之虚也，通乎無方，比聽德之聰也。其證諸天也，一潛而寒，水氣之精也；二軋而燠，火氣之變也；三和而雨，木以水滋，仁之愛也，父子之道也；四辨而暘，金以火燥，義之制也，君臣之保也。肅以欽恭，乂以制從，哲以正厥明，謀以審厥聰。不恭以肅，則恣行而狂；不從以乂，則陵節而僭；不明以哲，則豫而無斷；不聰以謀，則急而無稽。是故肅乂哲謀，能使雨暘寒燠從時而不愆；狂僭豫急，能使雨暘寒燠常久而無節也。思者風也，思在五行為土，而風以木氣在中，盖地以五［五］相守①，數之窮也。而天三變而通之，是以鼓舞之風發於大塊也。變五以三，故睿而通；妙三於一，故聖而化。聖人精一，入乎無思，故能無不思也。思而正勝，則修而為聖，其風時；思而妄雜，則亂而成蒙，其風常②。思者君也，四德之所恃以成者也。土氣之濕，水或使之也，水潛於土，故聖以一妙而御中也；金氣之燥，火或使之也，火緼於金，故乂者慶賞刑威惟二，折天下而成方者也。木之恭者，水本之也；火之明者，木資之也；水之聽者，金瑩之也，皆因而用之者也。恭之作肅，金斂之也；明之作哲，水斷之也；聽之作謀，土稽之也，皆制而成之者也。金土異，此天地之數所以成五位之節者也，是以其德重固，其道制而用之而成於自用。

火克金而從，木克土而睿，金凝而作乂，土化而成聖也。是以聖人之相天也，木不足則用恭，木太過則撝肅；金太過則用從，金不足則撝乂；火不足則用明，火太過則撝哲；水不足則用聽，水太過則撝謀；土太過則用睿，土不足則撝聖。木沴則制天下之狂，金沴則禁天下之僭，火沴則飭諸豫，水沴則抑諸急，土沴則祛諸蒙也。其在《周官》，有叙事，有救政。叙事所以治常也，救政所以御變也。

何謂叙事？《月令》所載是也，又如春正月《泰》卦御之，太玄之氣，

---

① "五"字原無，據《歷代名臣奏議》卷304補。
② "常"，原作"恒"，據《歷代名臣奏議》卷304改。

其首為差，為重，為增，為鋭，為達，為交，聖人脩其晝贊之德，以道其化。如秋七月《否》卦御之，太玄之氣，其首為常，為度，為亥，為昆，為減，為唫，為守，聖人脩其晝贊之德，以受其福也。何謂救政？庶證所驗是也。又如木不足則聲尚角，色尚青，政尚仁，毋殺鱗蟲，毋傷新物，赦小過，解久禁，以扶木氣。木在太玄，其類為鱗，為新，為赦，為解故也。如金太過則聲尚徵，色尚赤，政尚禮，息巫風，戒猛政，警邊城之變，飭寇賊之防，以抑金氣。金在太玄，其類為巫祝，為猛，為邊，為城，為寇，為賊故也。歲時適平，則有叙事，無救政；歲時有過不及，而叙事、救政兼舉焉。

古者王公坐而論道，燮理陰陽，寅亮天地，必有以深造乎此。其妙難知，而其麤則有司可得而陳者也。按《易》之傳，戊戌之歲，《泰》卦御之，而正月又《泰》所御，皇帝作興明堂，以儀式［刑］文王之典①，日靖四方之義，紹脩古道，資取化源，肇自来歲戊戌正月之吉，號詔天下，以大振顯祖宗之烈光。是謂裁成天地之道，輔相天地之宜，以左右民，與《泰》合符，謂宜因此盡舉《洪範》、《太玄》之説，系諸《易》象，與時損益，定著《月令》，為萬世法。有司前期既具叙事，又具一氣救政，義類所宜，告諸朝廷。朝廷以時相觀庶政，考合師言，或創建新令，或申敕舊法，審則宜類，參乎元精，條列以上，誕布而下，使民由之以安以利，而由其所以然，必有以感移至神，導迎和氣。天下幸甚。

① “刑”字原無，據《歷代名臣奏議》卷 304 補。

襄陵文集·卷七

◈ 狀

天寧節謝御筵奏狀

夢日發祥，壽山持福。粲然海寓，慶洽雲天。恭惟皇帝陛下運履壬辰，帝輝屢格；曆符己酉，天統方開。仰麗澤之何窮，輯貢珍於無外。臣等生遭盛際，躬被湛恩。介昭明於萬年，敢希大雅；祝福壽於多子，竊比華封。

代賀大郡冬狀

一元順動，萬寶潛萌。凡厥誠明，並受休祉。某官吉康御衆，審克禔躬。方率履於時昌，宜懋膺於靈寵。未遑馳慶，先辱貽音。感佩之思，敷陳曷既。

代賀詔使冬狀

仁維道合，動與時行。以仲山甫将明之材，方揚詔節①；益范孟博澄清之志，自肅列城。御利有攸往之辰，輯罄無不宜之福。登崇之寵，光大難量。某辱在明臨，阻于賀慶。頌《閟宫》之燕喜，莫奉舉酬；陳《洪範》之壽康，徒屢抃蹈。

① “揚”，原作“陽”，據文津閣本改。

代賀政府冬狀

觀雷之復，見至德之本原；望雲以書，詔豐年之祲象。恭惟某官欽明百揆，厲翼萬微。靖共聽於神明，化育贊乎天地。式燕且譽，厥崇亞正之儀；俾壽而臧，更介太平之福。某遠叨恩覆，[1] 阻望精明。化國之日舒以長，共識履端之慶；君子有酒多且旨，莫傾薦頌之誠。

辭免試中書舍人奏狀

六月二十九日奉御筆召試中書舍人者。聞命非常，撫躬自失。伏念臣早從隸役，文章不數於時流；久抱羸痾，志氣已彫於歲晚。雖在合宫之暇，每懷真館之求。豈復堪事華藻於英妙之間，而欲使代號令於鼓舞之際。儻貪榮而冒昧，必速累以顛隮。伏望皇帝陛下子保羣工，天臨庶彙。曲遂飛潛之適，俾歸分願之安。所有召試指揮，伏乞追寢。候勑旨。

第二辭免奏狀

右，臣今月日承東上閤門告報，已降告命除臣試中書舍人者。聞命震聳，不知所為。伏念臣久淪州縣，早廢問學，多病積衰，精明彫耗。比緣召試，已具自列所以不敢冒進之懇如此。逮蒙給札西省，庸薄亦既可見。恩華所被，雖欲自强，念終無以當至仁登擢之寵，而稱休明任使之意。伏望聖慈收還成命。

---

① “恩覆”，文津閣本作“恩福”。

辭免徽猷閣待制奏狀

右，臣聞命震悸，不敢自安。伏念臣本無異能，誤蒙超擢。恩榮不副，災病相仍。尚軫淵衷，俾食真館。在臣分願，既已叨踰，豈宜更竊寵名，以累一時清選？伏望聖慈收還成命。

舉自代狀二首

具官章元弼事親純孝，作吏潔廉，讀書為文四十餘年。文既益高，知者益寡。甘心久詘，素節不渝。舉以代臣，必充公議。

右，臣伏見承議郎、通判唐州陳求道文詞簡舉，議論英亮。名節可以厲風俗，器能足以濟事功。臣實不如，謹舉自代。

啟

謝館職啟

險阻艱難，忽反神明之觀；拔擢倫比，來陪英俊之遊。弗稱所蒙，更以為媿。竊以國家作稽於古訓，館閣遴簡於時材。紬繹人文，精符奎壁；彌綸天造，祥發龜龍。儲在禁嚴，世為寶祕。非揚雄之沉鬱，莫扼其奇；有劉向之辯章，庶究其博。曾是羣於大雅，蓋多出於名臣。品流一清，士譽遂定。宜得俊賢之望，益為盛世之華。柱史靖深，① 窮四方之所記；石經

① “靖深”，原作“精深”，據《永樂大典》卷 20479 改。

是正，萃千兩以來觀。

如某者學窘淵源，文乏珍瑋。一丘一壑，若有天資；三沐三薰，殆非世器。獨服膺於此道，竊妄意於昔人。審分願以即安，忘歲年之易暮。被明月而佩寶璐，思飭躬以自奇；飲墜露而餐落英，恐修誠之未潔。腰折彭澤之米，目送瀛洲之雲。悠然一官，營在三徑。弗圖召節，忽至窮城。察於炳階，不見庸能之異衆；登之文陛，又乏智畧以轃前。夫何甄録之優，亦竊校讐之寄。繙象籤於四部，究鳥策於千齡。神氣清明，自發帝居之夢；圖書奧衍，盡窺王府之珍。於粲寵休，是謂褒顯。

此葢伏遇某官荒包畛域，博洽羣倫。亮皇極於五三，兼相業於二八。等差多士，如權衡之制石鈞；養毓衆材，若嚴阿之保草木。曾是鴻鈞之造，不遺一介之微。某敢不益强其所不能，究觀其所未至。

回章邦老賀館職啟

威鳳回翔，下恩書於禁殿；抃鼇贔屭，登吏隱於神仙[①]。稽古其榮，撫懷惟媿。伏念某非兮則學，[②] 老矣何施。人逐利於馳驅，吾為之範；衆爭榮於暇豫，獨集于枯。志意凛乎猶存，歲月忽其已晚。一班一級，益無味於少年［之間］[③]；三沐三薰，復何能於多士［之日］[④]。得失聽塞翁之馬，沈浮隨海客之槎。孰謂幽人，忽膺明詔。俾望玉墀之睟穆，獲游冊府之高明。冠彈半世之塵，履接羣英之武。遂容濩落，一慰蹉跎。此葢伏遇某官游夏淵源，卿雲黼黻。遐不謂矣，葢嘗博我以彌文；惟其有之，乃能立人於餘論。致兹孤陋，竊世寵褒。儻有合於明時，少酬志願[⑤]；期不移於素守，以

① “吏隱”，文津閣本同，《永樂大典》卷 20479 作“仙隱”。
② “非”，《永樂大典》卷 20479 同，文津閣本作“幼”。
③ “之間”原無，據《永樂大典》卷 20479 補。
④ “之日”原無，據《永樂大典》卷 20479 補。
⑤ “酬”，文津閣本同，《永樂大典》卷 20479 作“神”。

辱友朋。

上黨通劉待制啟

祇命宸章，隸官府幕。潔齊將見，震動靡寧。伏念某志介弗通，迹孤無援。自信斯心之固守，罔知舉世之駿奔。命或使之數奇，事每要於大繆。一塵名第，十有五年；再試庸能，百無一得。不少飾其根柢，寧久辱於泥塗。計緯繣而不移，時晼晚其將失。求老農而學稼，初負歸心；遊大人以干名，實乏衆技。眷時材之競爽，審涯分以偷安。樂莫樂而悲莫悲，倦觀榮悴；吏非吏而隱非隱，聊復浮沉。徒習州縣犬馬之勞，頗識簿書米鹽之務。庶幾衣食其力，曷參帷幄之謀。諒匪國能，猥從器使。斯蓋判府待制道闢百聖，德望萬夫。國體繫之重輕，士類視以進退。險難備試，氣百鍊而彌剛；變態孔多，節千齡而獨茂。夫何孱陋，獲此依歸。永懷一顧之榮，曾是平生之願。微英聲之勃勃，附鳳以揚；依光景而提提，瞻烏亦好。

謝元城劉待制舉文章典麗可備著述科啟

飛章論薦，過為蟠屈之容；撫跡恩輝，遽改榮華之觀。名虛如晝，寵至若驚。維觀載籍之傳，皆原道德之意。非亢其體，不足以起至理之高明；非偉其辭，不足以章大化之淵懿。故商周之《書》灝噩，而《春秋》之辭謹嚴。《易》倚數而經奇，①《詩》緣情而盡麗。夫聖明之述作，後世無以加之；蓋道數之發揚，其所從來遠矣。

國家表六經之化，海宇復三代之風。環璧水於西雝，作成多士；祕蓬山於東觀，間世異人。雍容乎絃誦之聲，馳騁乎圖書之府。維教化格中者

---

① “經奇”，文津閣本作“驚奇”。

其材日懋，則辭章發外者與道俱隆。家有政駿之長，人擅淵雲之富。尚咨近侍，往訪厥遺。進於斯時，誠難其選。如某者清苦建志，孤蹇餘生，氣力不能服田畝之勤勞，財利不能通闤闠之交易。獨知感厲，幸生聖世之難逢；俱無能為，乃竊經術而自託。義理之所回激，風雅之所感移。據古討論，日信書而好大；登高賦詠，時體物以思紛。采獲英華，發揮經緯。心益勤而覩祕，力屢屈而知難。業已即功，未能絶意。夢思已久，竟無池草之神奇；編削空多，僅有江風之冷落。徒費學文之歲月，政希事道之功名。偶發策以試言，遂解巾而從政。素學荒墜，迷簿籍之相仍；清思消亡，倦塵埃之竟日。時飄忽其將晚，志緯繣而難成。靄北斗之夜光，誰收淪跡；望西山之朝氣，日有歸心。豈意特達之知，忽剡非常之薦。將使斷裳之俗吏，進希秉筆之英才。勤苦詩書，久荷吳公之幸愛；沈淪選調，遂因袁盎而知名。夫何素履之獨行，獲附青雲而自託。斯蓋判府待制道隆獨運，德盛兼容。察其沈靜，有受道之資；憐其劬悴，有好古之志。回汝南之定論，徇河北之過譚。知遇於聲塵寂寞之時，勉勵以文章著述之事。隴雲書壁，媿無柳惲之才；江月升舟，遽起袁宏之譽。藝能之幸，今古相望。

重惟竊禄以來，再經寒暑；行當解囊而去，一謝塵勞。侵雲石之寬閒，藉簡書而嘯傲。撫壯年之未暮，冀力學而有成。作為歌詩，揚厲德業，備青史之遺事，助白日之休聲。持報萬分，庶幾一得。若乃逢辰行志，則非泛駕之敢期。造物無私，一付化鈞於他日。

賀門下侍郎啟

錫還北闕，總秉東臺。凡在鈞鎔，共知抃躍。竊以變權易勢，屬元聖之難名；公聽並觀，藹衆賢之在列。眷此黄扉禁嚴四輔之位，思得白首耆艾一德之臣。以望盛朝，以圖大政。誕頒明制，克協能謀。權臣憚柳夷曠之正言，多士服張廷珪之知體①。得人其盛，異世相望。恭惟某官道馳極摯，器稟閎深。經天地以成文，集聖賢而為大。奮揚遠業，登翊近樞。迪彝倫於大中，平平無黨；斷議論於至正，蹇蹇匪躬。逮遭讒慝之多艱，卒奉名節而來復。深圖經國，格我十朋之龜；重德鎮時，凜乎九牧之鼎。善方揚而有衆，惡可遏而無誅。明良之孚，中和以建。四方無侮，萬世有詞。豈惟制勑之行，過李乂而皆正；厥觀諫誨之納，命傅說以欽承。永念薄躬，故服寬政②。佩明恩之甚寵，瞻盛節之載崇。引頌則勤，撫懷難既。

謝監司列薦啟

公函踈逖，志收一路之才；明振阸堙，躬發衆僚之底。薦諸宗廟朝廷之顯，以為庠學臺閣之儲。忽奉異恩，非所妄意。伏念某學無師法，資乏吏能。自知無用於時，不復爭名於衆。老作諸侯之賓客，志在斗升；媿聞豪士之聲塵，効兹尺寸。豈謂清明之舉，亦收留落之餘。此葢伏遇某官力佑昌辰，務知大體。念將明之所重，要在得人；惟論薦之必公，以為報國。若一介之何有，終屢顧而不遺。豈特私恩，是觀盛德。類在滯頑之質，猶有激昻之心。謂將必報於崇深，則今豈敢；儻毋大辱於知遇，或卒庶幾。

謝改官啟

論薦不捐，揚于文陛；恩榮有煒，振我衡闈。伏念某棄意高明，委躬奇薄。為親以屈，故州縣吏之而弗辭；奉節而窮，葢歲月老矣而靡悔。乃緊逢遇，亦云叙遷。盤錯輪囷，豈中朝廷之器；昭蘓闓懌③，忽闚日月之

---

① “張廷珪”，原作“張庭珪”，據文津閣本改。
② “故服”，文津閣本作“過服”。
③ “闓懌”，文津閣本作“闓澤”。

光。孰為之容，使發其覆？此蓋伏遇某官方將駿德，以望盛時。紛如鸞鳳之輝，人思是附；惇彼珪璋之質，士知所矜。凡蒙譚噓之棄餘，皆以聲名而著見。孤危久託，受獲孔多。察其寡特而莫為介儔，哀其阨塞而無所干及。於兹翦剔，亦俾奮揚。服寵命之載新，實逾妄意；撫薄躬而增厲，曷報碩施。

服闋後謝改官啟

名策玉京，既遷資秩；跡登龍坂，有媿品題。伏念某材譾器輕，數奇祚薄。無交于尚賢之世，不競于籲俊之辰。頃藉五六公之薦論，僅脫十八年之選調。辱拜嘉於嚴陛，即侍疾於慈闈。力殫百計之勤，藥石不效；血盡三年之泣，皮骨僅存。歎駒隙之不淹，傷犢從之無冀。逮去墳墓，以襲衣冠。國都之舊重遊，悵然如夢；鍾釜之謀已解，悲不自知。弗圖復望於門墻，兹獲自通於牋記。恭惟某官結衷皇極，奮績熙朝。方揚厲於時材，務通衆志；顧彫零之舊物，豈不與哀。雖退循有不夭之蓄，然進謝有後人之懼。率精誠而自致，庶託崇深；思報稱於所蒙，敢渝永久。

謝方漕啟

公函疎逖，志收一路之材；明振阨塞，躬與三人之列。薦諸宗廟朝廷之顯，以為庠序臺閣之儲。忽奉異恩，非所妄意。伏念某守方不變，蒙術無奇。屬當衆材陳力之時，竊慕古人行志之事。莫系高妙，自取奇窮。事業紛以就荒，日月忽其易失。蹇超摇而無翼，欲寂寞而絶端。世路强顏，幾三戰而皆北；人生有志，要萬折而必東。故險阻艱難之備嘗，卒嶔崎歷落而可笑。掃室布席，尚分四壁之明；鼓筴播精，亦足十人之食。受容不逐，假寵已多。弗圖枯朽之資，更累薙容之論。此蓋伏遇某官搢紳之望，雅俗所依。凛然居諸公之間，藉之以一言之重。翕其擬議，從我品題。坐使泥塗，若更衮繡。一介必取，謂天下得士而昌；三歲益親，見君子與人之一。負非常之寵眷，知難報于平生。某敢不睎志士之進修，無忘愛日；譬農夫之作苦，以待逢年。庶不辱于知人，期自見于斯世。亦復迂濶而何益，終愧恩私之不讐。

賀方漕子正啟

被書中宸，總計外臺。方鷁渡河，灼龜受印。地寶資其康阜，天節為之清明。列城嚮風，多士動色。恭惟慶慰。某官好是正直，進以高明。凛焉山岳之輝，倬為邦國之望。念兹出試，肇彼登崇。以糸稽聖哲之學，而疏觀百吏之効能；以贊襄廊廟之資，而圖回一道之經制。是謂使表，克將王明。某往以凡才，曲蒙亢寵[①]。竊邑神崧之麓，已濫彈冠；築居清汴之濱，每容望履。薦辭肆好，禮容晏温。舉之于未識而不疑，樂之于既見而無斁。違顔既逖，懷德維勞。悵望河梁，尚想帆檣之東去；光華原隰，敢期旌旆之西來。欣玩郵書，怳疑夢寐。肅徒御之方至，紛軒裳而並迎。竚奉薄躬，即安大庇。微英聲之勃勃，附鳳以揚；依光景而提提，瞻烏亦好。

賀洪轉運判官啟

懋膺詔函，更佩計印。使權增長，輿頌交欣。恭惟慶慰。某官術業閎通，德行敕備。拔起外臺之屬，對揚中宸之嚴。四方得將明之材，萬乘有見晚之恨。宜賦政之未幾，每寵數之有加。尚資飛輓之功，裕于晉部；即聽追鋒之詔，置我周行。某久以薄躬，託于寛政。重仰光華之盛，更深忭

① “曲蒙”，文津閣本作“靣蒙”。

蹈之勤。

光膺制詔，懋總將輸。使指載隆，帝睴彌屬。恭惟慶慰。某官倬彼盛德，望兹一時。方覽輝於隆昌，以撫壯而超詣。凡纘之事，必底于功。少弭節於星軺，益紆北顧；佇聯華於玉陛，更仰南圖。某與居衆使之中，最蒙一顧之久。楚江墜屨，或興疇昔之悲；齊社散材，將有神明之寄。願言踴躍，實倍等倫。

賀運使加職名賜紫啟

奏功有允，奉節言還。陞聯延閣之華，大總計臺之重。軺軒朱渥，組綬金輝。道路竦觀，搢紳欣慕。恭惟慶慰。某官深造大原，而文章輝發於英變；高觀邃古，而議論經濟於衆宜。究其所知，要必有用。倬彼事功之偉，綜諸學術之微。厲我全能，錫兹異數。某搶榆有止，賀廈方成。一介何知，但仰鯤鵬之變化；三年將去，徒勤燕雀之徘徊。惟厥贊譽，斯倍倫等。

問候張少卿啟

去德歷年，未返神明之觀；遭家多難，莫修咫尺之書。徒銜感於受恩，每瞻言而增慨。恭惟百神所相，必有萬福來崇。琳館雍容，英襟沖邁。某官德明且哲，道直以方。據古則然，不肯追參於時態；事國而已，寧知容悅於權門。唯其翩翩失實而無難，是以蹇蹇匪躬而不貳。永思而去，得計何高。逮兹聖政之日新，方攬異材而更化。顧我壽雋，豈久盤桓。某憂患之餘，棲遲至此。眷言疇昔，恍若他生。遠迹門墻，未有趨風之日；寓辭簡牘，不勝慕義之心。尚冀蕭辰，用綏福履。

賀王給事啟

伏審懋膺綸檢，進直瑣闈。揚厲聲華，踴躍觀聽。恭惟慶慰。伏以給事介然純至，輔以修明。方韜堙悠久而不渝，葢涵養靖深而有待。屬遭興運，果被睿知。顧邈時材，隮升法從。追裕陵之簡注，乃眷不忘；求荆國之儀刑，斯文未墜。諤諤諫論之厲，渾渾典誥之醇。允協朝僉，用光夕拜。竊伏聞諸輿議，將大正於鼎司。方以薄躬，託于鴻造。靜言疇昔之好，恍如夢寐之遊。欣逢盛德之進為，顧歎清時之流落。斷裳空履，分已絶於高明；結綬彈冠，意不無於飛動。

賀孫元忠司諫啟

肅膺詔節，懋直諫垣。宸扆虚懷，朝紳動色。竊以載籍所盛，國家將隆。必退託於不明，以廣開于衆正。雉鳴于廟，祖已訓近親之豐；獒貢在廷，召公戒遠物之實。莫非迪哲，曾是交修。故稽盛德成功，必有法家拂士。恭惟司諫先生名照四海，識望萬夫。蹈道甚高，馳顔閔之極摯；傅經尤邃，造游夏之淵源。雖用之其懷不章，已凛然所至有迹。頃膺言職，實被眷知。讒慝弗容，忠固罔缺。與從俗以變化，寧奉身而别離。元聖襲興，多士並飭。樂聞駿議，弼我丕基。虎豹所居，遂保藜藿之不采；雪霜何有，共高松栢之後彫。必建無窮之聞，以稱非常之遇。端誠於國，方開爭引之原；正色立朝，已見太平之象。兹維志行之偉兆，竚觀樞近之極功。永念賤微，繆叨眷省。西郊尚往，均蒙利澤於斯民；北路爭趨，莫獲追參於下客。服膺载躍，汗簡奚陳。

襄陵文集·卷八

◈ 啟

謝方憲舉改官臺閣清要啟

非吏非隱，誰收流落之餘；不介不求，忽被特達之遇。得非所望，悸不自安。竊考載籍之傳，究見聖賢之域①。維志行必達而莫禦，斯爵禄並至而不窮。故精明自信之誠，能不變移於此道；則忠固可觀之節，必將著見於他時。俗益不敦，士始有狥。莫悟錫環之惡，爭傳負鼎之奇。志方患於得之，動常屑於蹴爾。自其起於州縣，固已負於《詩》、《書》。夫惟利害之務知，豈復緩急而可倚。必將清舉，遂復古風。非得淵偉之才，不稱懋明之意。

如某者清苦建志，感激受書。妄睎古人，分窮斯世。獨抱咫尺之義，不為枯朽之資。祭竈請隣，敢追忝於高妙；抱闗擊柝，聊卒歲以優游。蕭然山谷之間，厥有民社之寄。是亦為政，舍此何求？靄北斗之夜光，莫收淪迹；望西山之朝氣，日有歸心。寧為適越之資，耻挾鑽秦之策。衆皆靳其遲鈍，人多勸以經營。已矣莫知，要委懷於義命；斯之未信，行絶景於功名。詎意監觀，遠蒙慰薦。欲革簿書之俗吏，俾聯臺閣之英遊。賁以偉詞，② 震於衆聽。豈非事國必先於忠信，取其近民而無華；矯時方尚於潔廉，察其避衆而不競。姑欲甄明於公義，未暇博選而拔奇。粲爾寵褒，得此固陋。

斯盖伏遇某官搢紳盛德，朝省望人。勱相國家，旁招俊乂。孤根蟠屈，惡有先容之自將；雙璧光華，不待立談而並降。斯道變於齊魯，法義舉於《春秋》。士得引分以俟知，俗稍聞風而止遽。足資誦説，以媿淺浮。維是不敏之譾材，無以克成於異數。徒受恩於孤遠，知啣感之刻深。奉檄以歸，

① “域”，文津閣本作“誠”。
② “偉”，文津閣本作“瑋”。

想慈闈之慰望；彈冠而去，睠恩地以何酬。銘志不忘。撫躬有待。

謝陳州趙待制無愧舉令啓

羣吏俱升，獨未書於資考；一章有待，竟受獲於恩輝①。知遇益隆，省循惟幸。竊以道之所在，固曰壯而行之；仕非為貧，豈苟容而已矣。顧惟聖賢之求試，鮮能志業之必行。開迹諸侯，或七十説而無所遇；上書時相，有四十日而不得通。無援於時，不詘於道。直循義命，以事功名。故特達之知，難一遇於傾蓋；而憔悴之士，常千載而彈冠。夫豈榮耀之不懷，類皆踈直而難進。以今准古，得寵若驚。

如某者亢世數奇，起家薄援。簡編千古，歲月三餘。朝辭耕隴之雲，暮就讀書之雪。古風有志，誰為國士之知；春草無情，空詠王孫之隱。宸極發詔，郡國獻書。偶撫劔以辭親，遂飄纓而入仕。簿書其務，寧居軒輊之重輕；冠盖如雲，豈繫飛集之多少。强顔逐衆，撫跡甚孤。繆為適越之資，莫挾鑽秦之策。蒼茫自失，思回阮籍之車；談説孰先，莫束蒯通之蘊。獨賴仁明之在上，竊知志願之有歸。敢類近名，遽圖遠引。采山間之三秀，或有意於俟知；揚堂下之一言，固無心於干進。豈期妙簡，乃至薄躬。此盖伏遇某官愛士之心惇大成裕，輔世之德光輝日新。度材取遺，為國建本。矜其節孤而少與，直賜優容；知其志大而未成，曲加奬勸。已激平生之感，重懷今日之恩。矧兹藩輔之雄，實為衣冠之會。裳裳其葉，皆貴遊之子孫；韡韡之華，有執政之兄弟。奈何微賤，辱在薦揚。斯大臣之用仁心，故君子以為義舉。傾壯心而銘刻，庶幾永譽於終；託舊物於鈞陶，此為受恩之始。尚圖報効，不媿古人。過此以還，未知所措。

---

① “受獲”，文津閣本作“受護”。

謝孫傅師舉學官啓

斷裳空履，已安州縣之勞；誦詩讀書，久墜膠庠之緒。横叨論薦，誤玷聽聞。伏念某分乎天資，本非世器。徒干禄仕，欲慰慈闈。偶感激以受書，得推擇而為吏。起家一紀，操術無奇；受縣三年，治行不録。隕沉山谷，遽失歲時。每類畫墁，媿何功於廪食；不為詭遇，分莫獲於馳驅。念時數之安歸，眷惷迪其未替①。懷金躍馬，必無富貴之儻來；被髪騎麟，亦有雲泉之獨往。阨非不久，恃此以安。庶飯牛而牛肥，已忘懷於寵利；異好龍而龍見，尚長想於古風。夫何末路之逢，獲此青雲之附？念趨走之日淺，復僻遠之勢孤。蹤跡不勤於館人，② 問訊不通於几御。豈期妙簡，忽至薄躬。實務謹於無能，顧受知於不競。謂其粗有志尚，可以置之燕閒。宿瘤因醜而得傳，虎賁以似而見引。正慚固陋，反竊寵褎。此蓋伏遇判府留守密學識望萬夫，名昭四海。察斷斷一介之有利，悼悠悠六合之無公。力采沈英，務鎮浮俗。兹傳一時之舉，殆空千里之才。哀孤遠之弗蒙，卒兼收而無棄。不愛餘論，使為歸榮。憤世絶絃，人固難知於此俗；隕身束脯，士常易德於窮時。凛焉此生，期之異日。

謝趙待制舉學官啓

弦歌肄業，實秉文多士之時；几席傳經，盖盛服先王之事。横蒙清舉，曷寄媿顔！自度力之所窮，不待教而知困。伏念某清苦建志，感激受書。妄睎古人，分窮斯世。獨抱咫尺之義，不為枯朽之資。往試一官，更事六

① “惷迪”，文津閣本作“惷愚”。
② “勤”，文津閣本作“動”。

守。志在奉公孤立，久之無所知名。偃蹇危機，陵遲末學。特受獲於左右，遂大庇其始終。不愛東壁之光，與起西山之譽。連章極薦，並進所矜。報大德之優游，迄無纖介；悼本志之變化，空歷歲時。爰既反耕，庶幾卒業。斯之未信，敢竊冀夫功名；已矣莫知，要一歸諸義命。但苦立道之甚卓，不知去日之已賒。非出哀憐，亦誰顧省？夫推衆望者易為力，拔孤迹者難為功。豈特形勢之相傾，抑或器能之自取。惟聲塵不著於萬一，故奏請卒煩於再三。力為之容，難變唐突之質；數更其鑄，終非踴躍之材。寵辱若驚，進退維谷。此盖伏遇某官旁招俊乂，勱相國家。凡厥一介之無他，咸在兼收而弗棄。省循何有，眷逮獨深。察其久在於《詩》、《書》，惜其壞之於州縣。欲使竊燕閒之禄，庶幾成固陋之材。立人達人，甚於自謀之曲盡；生我知我，實惟戴德之均隆。敢不竊體於仁心，終焉勿替於古制。抗顏求試，則或懼於無名；刻意自循，願少安而有待。

謝舉薦官啓

與文舉薦鶚之表，出元禮登龍之門。夫何一介之無他，得兼二者於所欲。伏念某守方不變，蒙術無奇。屬當衆材陳力之時，竊慕古人行志之事。莫參高妙，自取奇窮。事業紛以就荒，日月忽其易失。蹇超搖而無冀，欲寂寞而絶端。世路强顔，幾三戰而皆北；人生有志，要萬折而必東。士盖有時乎為貧，身或不去以歸潔。掃空布席，尚分四壁之明；鼓筴播精，亦足十人之食。受容不逐，假寵已多。弗圖枯朽之資，更累雍容之論。静言被舉，孰不銜恩？唯拜賜非竿牘之求，故難報有丘山之重。此盖伏遇某官盛節修偉，明謨靖深；翊亮一人，挈維多士。哀其陻阨而不競，察其醇樸而無華。藉以虚名，收之末路。初乏超詣，弗稱懋明。某敢不睎君子之進修，無忘愛日；譬農夫之作苦，以待豐年。庶不辱於知人，期自見於斯世。亦復迂濶而無益，終媿恩私之不讎。

謝鄧聖和舉令啓

憤世絶弦，人固難知於比俗；隕身東脯，士常易德於窮時。方謀卒歲以歸休，忽報奏書而論薦。受恩孤遠，懷感刻深。伏念某起於衰門，妄有大志。念厄艱之日久，則思寵禄以逮親。審耿介之所安，復欲虚心而避衆。奉簡書而自試，聽時命之安歸。而三歲莫知，人多戒其偃蹇；一官不競，衆皆作為侵陵。分乎天資，本非世器。然智能常益於拂亂心性之日，而文辭多發於羈旅草野之間。輒舉古而況今，尚以得而酬失。敢圖妙簡，更至薄躬。豈非安民要在於無華，或見忘懷於進取；從政當戒於乃逸，必先更事之艱難。仰愧曲成，俯矜幸會。此盖伏遇某官搢紳盛德，臺省望人。迪哲懋明，體仁惇大。察斷斷一介之有利，悼悠悠六合之無公。務擇遺才，躋登斯世。至此部中之甚賤，俱為門下之所收。奉檄以歸，知慈闈之慰望；彈冠而去，睠恩地以何酬？庶幾異日之可圖，終視古人而不愧。

代人謝薦舉啓

塵埃孤跡，曾無蟠屈之先容；霄漢飛章，乃出特達之一遇。得非所望，悸不自安。竊以上聖重明之時，多士一隆之會。山林豪傑之特起，冠冕世類之嗣興。童子羞管仲之功名，壯夫薄揚雄之雕篆。誠能義舉，孰曰才難？如某者術業空虚，時命奇薄。厥服官常而自試，尚席世德之遺榮。一尉之微，三年於此。振名何有，徒懷李勉之心；廢務則多，媿竊孟郊之禄。豈意薦書之辱，拔諸羣吏之中？夙夜以思，始終知幸。此盖伏遇某官懋明獨斷，閎達兼容。道合志從，務建國家之本；言揚事舉，遂空屬部之才。逮此賤微，不忍遐棄。某敢不勉勵一割，報稱萬分。不孤舉善之明，自獻圖終之譽。

謝薦舉啟

論薦之格，正自奇窮；寵念所惇，必將振理。頻繁恩重，感激心傾。伏念某分乎天資，本非世器。膠膠擾擾，亦効將迎；踽踽凉凉，卒難嫵媚。託微躬於郡府，聽造物之機緘。獻替何功，徒費幕中之辯；浮沉無譽，寧希席上之珍。粲此光華，録兹捐棄。此盖伏遇某官挈維衆雋，翼亮鴻明。智高天下而不忽於一能，行比古人而不遺於片善。逮兹固陋，亦與搜揚。材乏異觀，誤一方之師錫；績微明效，叨諸吏之恭先。蒙被已繁，褒加未整。重以今兹之舉，致諸遷改之榮。哀其有托於故恩，成其無求之素守。仁心則厚，義概維公。某官盛節修偉，明謨靖深。肅將發於四方，甄别服於多士。遊刃之所入，不見全牛；執策以有臨，必空羣馬。故兹庸瑣，不忍棄捐。

回道州趙守冬啓

周室太和，象方觀於挾日；魯邦多祉，祥已兆於書雲。未修賀慶之勤，先媿緘縢之辱①。知府提舉謙冲得士，豈弟近民。諒乘來復之休，益被往諧之寵。容旅人之弛擔，正託華光；壽君子而稱觴，徒馳夢想。

代回翟户部啓

懋膺推擇，寵寄承宣。宸誥誕敷，邦人咸喜。知府户部資禀優毅，術

① “緘縢”，原作“緘籐”，據文津閣本改。

業鴻深。英氣發於文辭，遠猷靄於政績。飛揚跋扈，早傳場屋之聲；碩大光明，晚重朝廷之望。入翔省户，出擁使軺。雖用之未究其能，必凛然所至有迹。眷兹西北之要郡，昔惟潜躍之名藩。控營室東壁之墟，連孟門太行之險。煩長孺於卧治，帝簡方隆；歌叔度之暮來，民和已屬。静言不敏，將具是依。未遑牋敬之修，已媿驛音之至。傳聞旌旆，寖邇封圻。日竚瞻承，用慰虚聳。

代賀陝西安撫啓

錫命宸廷，撫封闗輔。金章華紱，總十郡之權綱；錦旆高牙，擁萬兵之制節。一方奠枕，千里折衝。伏惟某官器識中閎，氣猷外肅。總德而立，直道而行。學焉求古人之心，其已久矣；作而任天下之重，孰能禦之？簡注寵光，雍容法從。玉堂訓誥，蔚為盛世之華；黼扆論思，凛作治朝之表。文武是憲，左右具宜。歷殿名邦，用彰佳政。聖神廣運，方勤圖任之誠；天地奥區，益重撫綏之寄。襟帶蜀漢，封域周秦。慶分陝之有人，誕開闗而無事。師旌西控，① 更歌亹亹之功；相衮東歸，竚仰巖巖之節。斯國體之所繫，宜士論之久傾。秋氣正剛，嵗功方就。尚綏福履，爰副具瞻。

代賀提刑轉官啓

伏審欽奉明恩，懋增新秩。恭惟慶慰。某官躬服仁義，世濟忠嘉。深結帝輝，蔚為世表。盖暫煩於攬轡，當即召於追鋒。夫豈一方，久私盛德。籍焉朝論，是惟槐棘之臣；倬彼家聲，更追金玉之友。某叨居守服，阻與賓榮。竊仰寵光，倍勤稱頌。

---

① “師”，原作“帥”，據文津閣本改。

代賀執政轉官啓

懋頒明制，褒序顯庸。御爵載崇，疏封有衍。凡居熏仰，共起贊譽。竊以揚厲兵威，擴清戎裔。河湟故地，圖歸職方；唐漢遺民，籍登天府。酋豪授首，區落歸心。曾折鏃之無遺，誕傳檄而爭下。壓萬兵於月窟，方觀德覆之宏；復一候於玉關，已是謨明之定①。眷言休烈，發自聖神②。至於巖廊圖國之機，是惟宗公翊亮之事。恭惟相公鴻綸大化，彌陶衆宜。勳格於天，澤被斯世。星辰為之軌道，草木罔不若時。方詰戎兵，以開境圉。左顧而武谿入，右靡而逾川澄。師帥受其成謀，夷狄讋其英氣。是膺異數，式慰具瞻。凝象太平，既垂休而有裕；承輝隆極，方受祉而無窮。某猥以凡才，誤蒙遠使。但慶逢辰之盛，阻陪望履之榮。

代賀黄運使啓

昭被寵綸，懋更詔節。襜帷所嚮，郡縣皆澄。恭惟慶慰。某官宏遠邃深，惇大静重。居為盛德，協於昌辰。養以《詩》、《書》，肅有圭璋之望；遊乎表著，蔚為麟鳳之祥。簡孚帝衷，纘膺使事。乃眷西北，尚勤顧憂。輟自朔方，濟兹大計。兵屯遠控，益觀牣集於將輸；師錫載俞，佇聽迅登於禁從。某分符以守，大庇是依。將望履於高明，更側席而虚聳。

① “是”，文津閣本作“見”。
② “聖神”，文津閣本作“聖人”。

代賀漕使啓

昭奉帝俞，懋更使旨。凡分符竹，争望襜帷。恭惟慶慰。某官宏遠疏明，惇大静重。居為盛德，佑我昌辰。簡自嚴衷，付之大計。乃仆荆揚之節，來觀齊魯之風。寵數則新，統臨維舊。皇皇照路，重遊故部之山川；凜凜列城，尚守當年之條教。諒於調度，坐以濟登。即報政於阜康，遂陞華於嚴近。

回前人啓

寛疾奉祠，顧吹嘘之何力；論材説士，亦晤賞之難忘。廼煩牋翰之加，曲示眷存之厚。用華覊旅，俾慰違離。雨漲春江，知行舟之易遠；雲横暮嶺；空回首以為勞。尚慎調綏，時遺音旨。

罷政别宰執啟

蒙恩造化，寛疾休閒。既免陛辭，難陪旅謁。扁舟解去，空回首於門墻；野服栖遲，尚託躬於鑪錘。益綏福履，用副康屯。

襄陵文集·卷九

◈ 書

上蔡太師書

正月七日，具位許某謹齋戒再拜上書於太師相公鈞席。伏聞天子哀矜黎庶，圖任耆舊，起太師於家第，授之大政，天下幸甚。夫天欲雨，山川出雲，國將施仁，士思盡智。某不敢隨逐衆人，緣飾辭華，稱述勲德以為賀慶之文，而深思所以承隆施、報厚德者，故欲冒進其區區之説。以為權衡千鈞之重，加之銖兩而移。説雖無奇，安知不為門下之銖兩也歟？故願少輟論道之暇，觀採其要。

某退居以来，六年於此，以為忠臣志士身在畎畝，不忘天下。蓋嘗觀之《易》象，參之《玄》文，博以《詩》、《書》，斷以《春秋》，考迹秦漢魏晋以来，接於隋唐之統，五代分裂治亂之變，以至當世風謡輿誦，無一不究於心，曉然見王道之有不可易者。治有為而興，亂有為而亡，若數一二，不可紊也。昔者孟軻氏遊説諸侯而終身不合，此其道疑於高遠奇偉難用者也。然考其説，不過田桑之間雞豚狗彘之事，使民不饑不寒，以為如是而可以王。莊周語道虚荒杳，遠出於世表，至論天下則曰："離於天下，① 其去王也遠矣。"以是知聖人非不體遠。夫體遠故用近也，是以其道高明而易知、奇偉而易行。

方今之患，在於民饑而奪之食，民寒而奪之衣，衆庶離心而王業不安，則孟軻、莊周之言亦可思矣。自頃寇興江表，建立名號，僭竊輿服，犯掠郡縣，殺戮官吏，使吴越生靈數十百萬肝腦塗地，然尚有可諉者曰遠。今既旌旗鉦鼓，横行不忌，北剽鎮、魏，東擾青、徐，若猶以為盜遠弗憂，則非過計者所敢知也。夫治世諱危亡之事而不諱危亡之言，故曰："其亡其

① "天下"，原作"人心"，據《莊子·天下篇》改。

亡，[將] 至於暉光①。”“推亡固存，邦乃其昌。”太師何不引秦漢晉隋唐之季，精為上極言於燕閒密勿之時，曰：是五季世大盜始興，皆隨撲滅，民窮無告，相襲而動。朝廷議者狃於前功，但務力勝，不以德綏。法令不變，德澤不下，官軍所過剽奪躪蹂，故寇賊攻之於下而軍旅擾之於上，人心日去，國勢浸絀，其極遂至不可復支。此在史冊，可為寒心。夫今之天下亦古之天下，古有此患，今亦有此，何為獨不能與古同？惟漢武帝太始、征和之間，盜起東方，幾若秦季而漢獨不亡者，以武帝藉文景富厚之業難變，又知悔其所為。輪臺之詔，喟然悼心，還未罷之兵，省不急之費，封相為富民侯，趙過為搜粟都尉，而後流亡稍還，屯結益散。自秦以下五六君者不變而亡，惟漢武帝變而復昌。由此觀之，圖而救之，正在今日，過是恐有不可悔者。請得粗陳其方：一曰先有司，二曰闢言路，三曰熄兵革，四曰節財用，五曰澄官吏，六曰審法令。

孔氏之門，仲弓蓋可使南面者也，而仲尼告之以政必“先有司”。有司奉事守法者也，立綱陳紀，離倫分類，必使各有司存，則事不相紊。雖使周公復興，不能舍此為政，《周官》是也。譬如天有躔次，地有疆畎，人有脉絡，於此一亂，則三才之功隳矣。夫南衙北司，此有司之大分也。今北司出擅南衙之權，總領庶務，則是大分亂也。《周官》寺人皆隸冢宰，今既離局侵官，又不聽於冢宰，此豈為道也哉！昔齊桓公宫中七市，女閭七百，管仲有三歸之家，官事不攝，君臣侈靡如是，而能卒霸諸侯、一匡天下者，有司治也。唐姚元崇要説明皇禁與政者而後乃受相位，李德裕為武宗言“政去宰相則不治矣”。故願太師先正名分，以尊朝廷，使政有在，一切庶務斥還有司，而後治法粲然可興起。不然，是廢躔次而求天文，毁疆畎而望地利，壞脉絡而期人和，未有能得所欲者也。

言路之不開久矣，故下情不得上通，則上澤不得下究，薰虚美而蔽實禍，非國之福也。昔者以周公之政而有不説於召公，以孔子之行而有不説於子路，何則？召公、子路之志，賢人所守之正也；周公、孔子之事，聖

---

① “將”字原無，據《太玄・差》補。

人所達之變也。聖賢不相説如此，而卒之不失其和者，志所祈嚮一也。故苟有忠信之心，則見有不同、議有不合，不害相輔而為治；苟無忠信之心，則言莫予違，事莫予佛，終當畔去而不為用。方今風俗頹壞，賢知遁伏，姦諛爭逐，貨賄流行，人才難得未有若此時者也。朝廷若不滌濯瑕穢，公聽並觀，則人才恐無以充百執事之選。故賢知鮮少則忠信無助，有志者度非一己所勝，則寧取彼而去，此言路之所以不開也。夫窒隙蹈瑕，强諫力爭，非大臣事也，要在博求天下名節之士負以言責，而大臣身為宗。使人主朝見一人焉，其言如是；夕見一人焉，其言如是。一人忤而斥，則一人繼而進，如是累起而無所感移，則是天也，非人力之所能為也。在《易・小畜》六四曰："有孚，血去惕出，無咎。"其在九五曰："有孚攣如，富以其鄰。"六四，諫臣之事也；九五，大臣之節也。盖言六四佛逆不勝，上與九五合志而後能卒信於君。昔趙烈侯謂相國公仲連曰："寡人有愛，可以貴之乎?"公仲曰："富之可，貴之則否。"烈侯曰："然。夫鄭歌者搶、石二人，吾賜之田，人萬畝。"公仲曰："諾。"不與。居一月，烈侯問歌者田。公仲曰："求，未有可者。"有頃，烈侯復問，公仲終不與，稱疾不朝。番吾君謂公仲曰："君實好善，而未知所持。今公仲相趙，亦有所進士乎?"公仲曰："未也。"番吾君曰："牛蓄、荀欣、徐越皆可。"公仲乃進三人，曰："歌者田，方使擇其善者。"牛蓄侍烈侯，陳以仁義，約以王道，烈侯逌然。明日，荀欣侍，以選練舉賢，任官使能；明日，徐越侍，以節財儉用，察度功德，所與無不充。烈侯使謂相國曰："歌者之田且止。"按烈侯、公仲之事乃與《易》象符，孰謂戰國而無人哉！

天下之禍莫大於兵，自古未有兵革不熄而民可阜安、國可治定者也。向使太師不去廟堂，必無前日朔方之役。借使取之，必將有術。今既繆戾至此，事遂無可奈何。於是女真負恃而責報，天祚蓄聚以俟時，黠羌連謀而鷹揚，降將專兵而虎視，大盜侮國而狙擊，此為國長慮卻顧之士所以隕心疾首，中夜撫枕而興也。方今朔方有變也，固已騷動天下，窮極民力，不足以贍給大費。數年之後，一有變生，横費百倍，將復何以待之？蔡邕有言："郡縣盜賊方擾，何暇復議邊陲?"故為今計者，莫如罷雲中之師，脩邊保境。今郭藥師既鎮燕成，因使世為折氏以捍女真、天祚，令中國得以無事，繕兵積財，與民休息，則寇賊之勢自折，此弭兵之要也。議者不顧腹心之安，① 欲營力分之議，坐困天下，惜此彈丸之地不忍與人。他日或者求而弗與，則怨亂並興；求而與之，則威德俱廢，患且滋衆，失亦益大矣，此可以意喻者也。

古之為天下者損益無常，與時偕行，因物成方而己無私焉。成王、周公守成之法在《詩·鳧鷖》，其章句曰："爾酒既多，爾殽既嘉。"言益之時用，財之豐也。其次章曰："爾酒既湑，爾殽伊脯。"言損之時節，事之儉也。天地之道損益相濟，故雖成周之盛既益，以後必受以損，法象天地。今太師相天子之道，變化使民不倦，既能與時偕益於前，必能與時偕損於後，况當此時困敝，殺禮蕃樂可也。凡是奢麗夸詡不節之費，夫何疑而不革？三代之隆，理大物博，天下彌文，而大羹元酒猶先設於俎豆之間，貴禮之本，使世往而知反，則雖因時制宜而去道不遠。今熙寧、元豐之政未易復也，要當取以為則，以是用財，財必節矣。冢宰職在均節財用，今財生天地之間固自若也，向也裕而今也乏，向也均而今也偏矣。今觀中都巨室之所藏富於一郡，小家之所有多於一邑，而田畝閭閻之間，頭會箕斂以奉縣官，老稚扶攜捐瘠溝壑，此用財不均之患也。故凡虛下而實上者非壽人，朘下而豐上者非壽國。春秋之季，魯國區區，而外事齊、晉，内隣邾、莒，玉帛之問，師旅之備，度其經費，數倍大邦。哀公嘗患年饑國用不足，問於有子，有子乃告以損民什二之稅而為什一，使魯遂聽其說而行之，則何以能使國不乏事？君子之意，以為民無可節，不足則流亡變亂隨之；國雖不足，猶可節也。《周官》若穀不足，止餘法用而已。今倣此意，② 約以中制，使錫予有度，費出有式，量功賦食，人無叨踰，行之數年，財必下濟。譬之如養生者，能虛於心，必實於腹；能弱於志，必强於骨，此深根固蔕不死之術也。

---

① "安"，文津閣本作"憂"。

② "倣"，原作"放"，據文津閣本改。

今天下至為乏才，然而搢紳溢於朝省，無職以任使；牒訴壅於吏部，無闕以擬注，豈止才不勝用也哉！則是無它，姦人徼倖以入官，富人賕賂而取位，無功而重賞者濫則大吏衆，非才而超躐者多則任子繁，是以名器日輕，冠冕日雜。使士大夫窮困失職，往往端憂之日多而食禄之日少，是以士不自重，中人以下化為贓吏，攘取黎庶以自封殖。不澄其源而欲清其流，則亦難矣。唐姚元崇既相，一日罷斜封官三千員，天下不以為政故也。願使司講求所以約損此者，而官吏始可澄矣。

今法之在天下害民者衆，仁聖惻然，比下手詔，訓勑有司，務安元元，德至渥也。然而吏治不加厚，民心不知感，此何為也？殆有不忍人之心而未盡不忍人之政，文已至而實未施焉。昔者漢文卻千里馬，曰："使郡國無求来獻。"晉武焚雉頭裘不御，宋武碎琥珀枕以賜將士，周武烈上善殿而焚之，破齊見宫室壯麗，歸以為周戒，陳宣亦焚錦繡於雲龍門示民以質，是數君者，雖未可言堯舜文武之盛，然皆一代興王，當時頌聖，後世歎美，未易輕也。方今必欲務施仁政之實，謂宜詔天下曰：朕以國家休寧，守成無事，與民同樂祖宗之澤，是以有頃者貢奉之司、營繕之役。比年以来，姦宄失馭，干戈數興，年穀不登，民生無聊。其暫罷貢奉、營繕之事，使黎元得以安俗樂業，復如前日。弛茶鹽抑配之利，損田間檢括之租①，釋郡縣吏口户減耗隱覆之罪，使逋負之税得除。如令一下此詔而民不回心，盗不屏息，則某敢執其咎矣。不然，盗賊之在天下，擊之可使暫破，赦而無以相生必復起，鮮而無以自存必復合，長是將焉窮哉！

今太師起當天下之大任，四方之人虚己承流，觖望至治。不及始初清明，一大矯革，歲月之後，變故不熄，則必歸咎於用事者，是衆已糜爛天下而我適與受其敝也②。如是寧不為而已矣，夫豈不知順流者易持，逆立者難安，乃有所不得已也。方今理勢異於前日，事之得失成效立見，今逆而為之誠難。然歲月之後，師旅不告敗，倉廩不告乏，民無流離，盗不干紀，

① "田間"，文津閣本作"田間"。
② "與"，原作"興"，據文意改。

聖上游燕之樂未廢於外而泰定之意有加於中，任相之效倬然著見，則雖有或害之者，毀將不入，是難於先而易於後也。君臣之間，精誠之至，相與昭格，蓋有在辭說之表者。

今太師正心誠意，惘惘懇懇，為上力陳民之疾苦，道古興亡，至仁聞之，必將動心詢求所以力變此者，斯可以卒其所聞矣，此亦天地鬼神所宜陰相者也。《記》曰："福者百順之名。"故名也者福之符也，功也者禄之基也。故名垂萬世者必有無窮之福，功被四海者禄不可為量也。某不勝受恩感德之心願贊壽祉者，惓惓在此，故盡其言而不疑。

雖然，此正議太師若以為是，則行之必有其術。《易》不云乎："巽以行權。"故非知而言之，之為難也，能行其意使無繫軫則難。《語》曰："可與立，未可與權。"如某蓋徒可與立者，至於反經合道，權制萬宜，要使仁政行於天下，斯則已在德度中矣。干冒鈞嚴，伏地待罪。不宣，某惶恐再拜。

答張宣撫書

某頓首再拜上啟樞密宣撫相公幕下：即日，伏惟奉揚王靈，榮問光大，鈞候萬福。某自去朝著，投老山林，繼有章劾陷於鈎黨，用是無由敢脩咫尺之書以自徹聞於下執事。豈謂寬隆折簡詒問，以鎮撫其罪戾而焜燿其幽獨，幸則已厚，何以堪承？拜貺以還，惟知震悚。

國家變故，古昔所無，其生有原，其究有極，賢者可以理推，智者可以識察，不待烟塵犯闕、生靈塗地而後知也。其要有一言可以盡者，則士大夫之爭利是已。蓋自祖宗之遺老殆盡，名節日變，雰濁相蒙，險譎相覆，民不見義而日與姦化，風俗大壞，累數十年。私爾忘公，家爾忘國，其流至於將吏不死旗鼓，士卒不死行列，而禍敗從之。方今之勢，不塞其原，不斷其極，雖有堯舜稷契不能救亂興治。是故士不變俗，則人莫固心；人無易心，則天未悔禍。

今相公以鼎盛之春秋，膺非常之寵寄，可謂休顯至足無求，而能降心踈斥，垂光固陋，德宇宏裕，將無不容，此豈非志在建立中道，表正衰俗，塞亂原而改流，斷凶極而更造也哉！以是知壯馳玆拜趙簡子而賀其言，彼為未足道也，甚盛，甚盛！雖然，既蒙眷念，敢不以其情言。

某平生材無他長，知守儒術而已。儒術用世，曠日持久，積微成著，治之於其未亂，保之於其未危，而欲遽施於此救火揚沸日不暇給之時，是佩玉長裾而責走趨也。今相公擁節萬里，必欲急於救世，則宜務求管仲、樂毅、諸葛孔明之才而亟用，庶幾有濟。如某之樸學無能，又重以垂白衰悴，託命粥藥，豈復有可進用之理？自兵興以来，冒昧國恩，再與大政，無所建明，卒以罷去，試用之效可見不疑。頃與相公辱同班列，時雖罷曳，尚若可勉。晚境歲年，不堪屢加。違離之後，龍鍾頓極。憂患久嬰，精神耗敗。動則中先震悸，慮則隨輒遺忘。血一妄下，動以累月。百苦交攻，僅存皮骨。豈以侵尋七十之年，尚不知止？貪叨事任，以干司寇，隳委重而累知言哉！

伏望相公垂哀枯朽，借以半辭，使得安其分願，待盡草莽，是肉骨而起死也，受賜之渥，其有窮極！相公誠推今日所以施某之心而力行之，天下之士不患不至，何必某也？向風感激，伏紙難叙。餘祈為世自壽，益茂遠業。瞀眩茫茫，時失正書。死罪，維裁幸。

答王蕃書

某啓：比得周士龍圖手牘，具道吾子學術之懿，恨未一展。信至，辱書及遺雜著一編，撫覽慰玩，如親顏色，幸甚。某靖康間爭論時事甚衆，世所見者攻割地和戎之非、追削濫賞一章而已。前年舟焚儀貢，① 疏草無復存者。然議論既不時施，國事日敗，至此區區亡書，復何足惜。屬觀所示

① “儀貢”，疑當作“儀真”。

時議，數當人心，永懷增慨，故聊及此，置之尚何道也！

頃在北方，與荆楚絶，未聞宜春先生之姓名，不知其業履本末何如人，所疏《春秋》諸説雖未一詣奥境，當微學諱傳之時，而能自力如此，亦可謂卓爾不羣之士矣。學者當務精意於經而已，《傳》皆不可盡信。自古有功於《春秋》者，無如《三傳》，然亦各有所長，時有所用，不必盡合也。漢儒專門，各以其《傳》為師，故經卒以不明。今宜春之説，左氏學也，如書文公納幣，左氏曰禮，則是舍其喪娶逆惡不譏，而取其虚文以詔世，非經意也。譬如人壞宗廟以便燕寢，或見其奠告神主而遷之，則書以為禮，是豈知書之體要也哉！大抵左氏説經謬誤者衆，曲為作意，一二彌縫，是矜傳而不宗經也。宜春之學則然，顧未見吾子之所祈嚮，他日不鄙，願與聞之。道以直見，不得以經私於朋友也。疾甚倦譚，又不能自書。幸察。

答丞相李伯紀書

某悚息，《春秋集傳》遂跋以名言，使非薄凛然增重，幸甚。又蒙戒以深務慎重惇本之意，欲使其書垂世莫得瑕摘，懼非區區所能及也。至於隱括極難，使歸至當，則固所夙夜跂聳有望於左右者矣，受賜無量。

頃者元中得某《論語》、《法言訓故》及《乾坤》等數篇，元中每書論刺必數十條，其間相説以解者不啻十九，而某時因其言輒有刊定。獨論《莊子·内篇》與《易·乾坤》卦相為表裏，此某昭然所不疑者而元中深以為非，往反洊數，終不可合。某以是益奇元中之篤誠畢慮，不苟於朋友也。司馬温公與范景仁神交莫逆，至論大樂，終身不合，此可以為世友朋之表矣。今相公所誨經史闕文，謹當佩服，因而改之。初謂經以一字褒貶而諸儒動以經為謬誤，故有脱朝、脱日、衍日、脱王、脱人、脱名、亡事等，紛紛踳駁，無可據依。惟漢何休頗疑非誤，而陸農師一一守經立説，顧皆思而未達，故某因是説以更之。抑又有甚可疑者，以為魯史之闕，則聖人作經有可無疑於史者，如時必有秋冬、夏四月之類，從而闕之，是妄闕也。

若謂經以秦阨殘缺，則《三傳》傳經乃自先秦以来各有師承，不相参稽，安得闕文若合符節？此某所以未能無惑者。

然有一說可以已者，與其過而多尤，不若過而闕疑，斯可耳矣。若災異等説，則為尚可申釋。《春秋》書天地之變錯人事之間，使人務以義類相求，是直鼓宫宫動，鼓角角動耳。《洪範》謂之“念用庶徵”，若使非徵而書，是則妄也。今善曆者推步《春秋》日食數非止三十六，盖經於災異如志人事，不盡書也，必有為也而書。漢儒災異之説雖不無鑿，然能精而求之，則亦是在其中。《法言》曰：“通天地人曰儒，通天地而不通人曰伎。”要之，災異之占，古者卜史之所司也，後世卜史而儒學之士言之，豈得已哉！自歐陽文忠首為天道不可考知之説，非斥漢儒，至於荆公遂廢《洪範》庶徵，使人君宴安平世，無復觀天存變之意，馴至大亂。前日水冒都城，相公憂其變故，欲有論刺，即得罪去。時當國者謂賓客言：“漢世災異陋學，何足道於今日。”某竊歎恨學術害教，一至於此，以詩志之曰：“緑衣侍史近天墀，天事茫茫欲强知。水犯都城偶然耳，《春秋》陳説更何施。”盖傷此學之廢也。

夫善言天者必有驗於人，善言人者必有稽於天，而世徒以其感變難知，遂廢不講。今不相與力救此失，則恐《春秋》、《洪範》之意精微遂泯，後生無聞。使當孔子作《春秋》時有今變故，則必書“水冒城郭”於前而志“狄圍京師”於後，某為之傳，亦當傅會天人，昭以象類無疑也。《春秋》星隕、山崩、地震之變皆著王道大壞之徵，故王道不亡則强霸不興、素王不作，是以為之感變如此。譬如人之父母有子承家而不克遵業，[①] 將更擇人付之，方其計慮將决之間，意象色辭必將傷怛忿怒而不得平，此齊、晉、孔子將興之祥也。

鄭伯髡頑之卒，使非變故，則書有常法，如宋公佐卒於垂棘，不著何以卒、何以在垂棘也，則但當書鄭伯髡頑卒於鄵耳。且志諸侯之會於前，而鄭伯道卒，其地又相邇，此自足見其如會。今書“如會”，又書“未見諸

① “遵業”，文津閣本作“承業”。

侯”，其繁如此，譬如天象光芒變常，此天之意必有故以示人矣，然則《傳》殆不誣。經志弑逆之罪，文固多變，如晉弑不書趙穿而書趙盾，鄭弑不書公子宋而書歸生，楚弑不書棄疾而書比者，皆義將有所起也，故《春秋》之法與實錄異。楚子麇卒，以公子比出奔見弑；齊侯陽生卒，以公會吳伐齊見弑，此皆有待《傳》而後决，未如鄭僖之深切著明也。如鄭僖之卒，使無《三傳》，人必知其有異矣。顧《傳》不詳著僖公不禮子駟之事，計駟之忿，必有若宋萬、衛孫林父者，而乘君去故就新，國人危疑之際而肆其亂，何必無此。相公試熟思而决之也。

當某著此書時無與議者，故於其類昭析不盡，今承諄誨，當更删改衍繹，使之别白分明以俟再見也。前日相望甚邇，謂當亟得書疏往反，庶卒相與共濟斯文。今忽相去萬里，豈非天哉！《集傳》此間固舊有本，但簡冊太大厚，不可攜持，後令别作小本，亦復易耳。前所往書已屬岳倅亟復馳奉左右，庶行役倦劇之中可以寓目游心。有便信至，願復一二發藥，使經學復明於世者自吾二人，亦不徒生於天地間矣。伏紙悢悢，某再拜。

再答李丞相書

某蒙諭後世山崩、地震多矣而復霸統不正、① 素王不興，恐某之説難必學者之信。某固知其如此而不敢不盡者，務究天人之藴而著其變，不計其功也。《傳》曰："山有朽壤而崩。"又曰："陽伏而不能出，陰廹而不能蒸，於是有地震。"故王基壞而山崩，國經反而地震，此皆貴而無位、高而無民、小人朋於上、君子鬱於下之感也，而其兆變故不一。按沙鹿崩國之咎，則左氏言之矣，記天下之異，則公羊氏言之矣。而某復見其廢中有興，災中有祥，是以推言其變，以補諸《傳》之遺。至於"甲午，地震"亦然。今不參諸衆説，倚其一偏而攻之，非某所以作《集傳》之意也。

① "不正"，文津閣本、《南宋文範》卷 31 作"不立"。

齊桓、晉文之事及夫孔子之經，皆天子之政也。天將以是承周而替之，山崩、地震所以咎周。昔士文伯言日食之災而從晉侯曰："可常乎?"對曰："不可。六物不同，民心不一，事序不類，官職不則，同始異終，胡可常也?"今以山崩、地震而必《春秋》之應於人事，是猶日食降婁而必魯、衛之喪也。是故桑穀生朝而中宗興邦，鼎雉雊廟而高宗永命。至於後世麒麟、鳳凰，王者嘉瑞，来萃其國，而亂亡隨之者有矣，盖所謂同始異終。如此學者深觀乎六物之變，而參稽民心，考引事序，明昭官職①，而災異之說庶乎其可言矣，是以君子難之，願相公復思其至，有以教之也。

又讒誣之興震於中外，比欣昭雪，萬里南旋②，而少卿自拔北地，適復歸奉榮養。左丞頃當天下難戡之憂而卒獲人間希有之福，豈非忠義精誠之感神明祺祥所佑也哉！觀俟踴躍，遠邇歎異，况在末契，祈嚮之素，慰忭何如。屬使者至，③ 附此稱慶，惓惓之勤，未究萬一。

識别永寧長老宗覺書

世故多艱，吾老此生，不在北山之北，則在南山之南矣。飈塵驚起，褰袴與襦，非從世外之人，吾何依焉？永寧道場築於崇巖絶壑之間，長老覺公虚其室以招余隱。顧余多方，付行止於流坻，往来可必也，而悠然有會於其心，故聊書以識别。建炎三年六月乙亥，襄陵許某崧老。

① "昭"，原作"詔"，據文津閣本改。
② "旋"，文津閣本作"還"。
③ "至"，《南宋文範》卷31作"過"。

襄陵文集·卷十

◈ 書

答薛秀才論春秋書

某啟：承示長牋，推重過當，非所宜。蒙所陳《春秋》諸義甚善，唯是“公子遂如京師”、“遂如晉”一事，似責僖公已甚。《春秋》之學廢於後世，正緣説《春秋》者詭世所不能行，過於中道，使世以為虚文難施，遂廢不講，此不可不誡者也。

古之王者時聘以結諸侯之好，若使聘使所至之國必釋位而拜於京師，恐非君國守土之義。周都鎬京，而封建遠至江漢之表，朝覲、宗遇各遵等威，又有方伯連帥期會之職，若復重以拜聘京師，則諸侯轍環轂擊，車馬道敝，撫封之日一歲無幾，使國政不得修而民力不勝給，是國制亂天下也，夫豈其然？大夫無遂事者，戒非君命而専為之也。“如京師”、“遂如晉”者，則以君命朝聘王覇，不得以遂入郿。比朝聘之義，自上而遂乎下，是禮其君而及其臣也，固可；自下而遂乎上，是禮其臣而及其君也，不可。《詩》曰：“雨我公田，遂及我私。”春秋之世，諸侯専覇，國而後王室也久矣，而僖公於此拳拳焉。河陽之狩，諸侯皆朝於王所而公獨朝於京師，遣使拜聘，又必謹所先後，如此以世為此者鮮也，是以《春秋》善而書之。夫僖公修誠之君，若意其遣使京師者，必以有故於晉，非是則未往。説經者不當如是生之言也，吾子幸熟思之，復有以報。疾甚力遣，不宣。

答李格朝奉論春秋二書

某頓首：去歲卧疾西峯，得王君書持《春秋》諸説来質，第云宜春先生之學而不詳著所自。伏而讀之，盖左氏學也。某因為一道《三傳》不可偏廢、亦難盡遵之意，以應塞王君問。不謂足下近在隣壤，固陋之説遂達聽聞，惠然遺信，遺以玉音。退省前書，辭不遜避，惕然汗顔，媿德度之有容，重古道而樂異聞，復諄誨之卷卷未悉也，幸甚，幸甚！

某患近世《春秋》之家辯而不議，已則未有一得而先已薄索前賢之失，而務攻陷之，黨同伐異，聚訟交誶，使經益紊，故著《春秋集傳疏》，觀古今可者載之，其不可者不載而已，未始敢有詆訾，所以尊前修之大業而熄後學之爭端也。頃懼王學獨守隅方，故不得已有所論刺，然説經而至於辯，斯已過矣。

左氏蓋有大功於《春秋》，學者蒙澤焉，不當振暴其失。《詩》曰："采葑采菲，無以下體。"今足下為左氏説，如文公納幣之事，宜因其所已言而補其所未言者斯可矣。若必謂《傳》有微旨，言禮所以譏文公之非禮，言孝所以刺文公之不孝，則恐方来攻之者衆，非所以尊左氏也，是以大義曲其故為作意者。然而名實一離，且使後之學者指其所謂禮者更為非禮，而所謂非禮者復以為禮，紛然無正而經、《傳》敗矣，雖為作意何益？

昔人著書蓋各有體，左氏之書品藻萬彙，如春風之被草木，英華並發，殆無遺藴，若乃隱約而眇其指，非左氏體也。微辭諱惡，《春秋》之法，不得以［是］言左氏《左傳》之錯綜諸史①，考合殊散，紬繹深博。以春秋列國數百年萃於一人，則於潛心微言豈能無所不盡？故其為《國語》也，或與《内傳》錯，則其於經。按文公禮娶於三年之外而忘其納幣之非禮，不足怪也。無以救正其闕，則将使世居喪圖婚而娶於三年之外，斯以為禮者矣。《春秋》别嫌明微者也，以公納幣為哀心已亡，是以書而出之，譏因喪娶，説者要當推經本指而務著明之；至於娶元妃奉粢盛，使左氏而不言，亦孰以為非禮？若曰善，其以卿納幣而書，是放飯流歠而問無齒决也，非經本指。

學者要在通經，今足下之於經意得矣，《傳》亦何必多辯？然使《傳》必與經合，事皆曲為之説，則《傳》将反為經累，是以言之不可不盡。宣公喪娶，罪惡已明。婦姜若不去氏，則嫌於齊國無譏，是以明微焉。夫非

① "是"字原無，據文津閣本補。

道義，一介不可與人，齊嫁其女，豈特一介之輕乎，而見其悖禮如是而與之也，《傳》曰："君子犯義，小人犯刑。"律以刑民，故寬無喪者免之，以省罪誅。《春秋》謹禮以正國體，不得以律此。凡經一事而再見卒名者甚衆，恐難以尊夫人道，《公羊》是也。謂宋伯姬為不足褒，恐與經戾，此甚不可。婦道貴正，伯姬以正死禮，臨大難而不變，此為人所不能為者。孔子得之，盖褒嘉之不已而極其哀榮，以為天下萬世婦道之表，是文王之風、周公之澤也，惡可以少貶也哉！二百四十二年之間内女嫁者何可勝數，而納幣、来媵、致女皆從伯姬得書者，以伯姬重也。昔者召公之所茇舍税駕休憩之地，則南國不忍翦伐其木，此好賢之誠、崇德之義也。孔子即魯史而修經，其於伯姬之歸禮之大者，皆存著而弗刋，使人視履之終而考祥之始，書之重，辭之複，以謂不如是不足以彰其懿鑠而極哀榮也。

《春秋》褒貶若此者衆，顧第弗深考。足下務求貫於淪胥之間，必將有以知之矣。同姓之國求媵則可，異姓之國求媵則不可①，此於禮意何説？故啖氏以謂郑、莒嫁女，安得曹氏、己氏之國而求媵之，此善攻也。然辯至於此，恐傷嘉厚，某於此等但不載諸《傳》而已②，此書勿傳可也。

《集傳》副本頃借岳陽張倅，會其有故罷官，未知携之安歸，以来信不可徒返，故錄後引附此，庶幾概見區區所以作書之意。又有所著《論語》、《法言訓故》，比已為人傳刻，計未經覽，故併以往。喪亂未定，③斯文委地，遯跡窮山，無與言者，忽奉足下書疏，如聞威鳳之鏘鳴朝陽也，欣然不覺報音之已繁。足下取其是而講去其非，則某之受獲厚矣。不宣。

再答李格書

某頓首，再奉書辭，反復前論，益知吾子之服膺大業，鋭精至誼，必

① "異姓"，文津閣本作"舅甥"。
② "載"，原作"戰"，據文津閣本改。
③ "未定"，文津閣本作"未殄"。

欲直之於未合，不究不已，斯古朋友之道也，某有望矣。

文公之娶，傷孝敗禮，前已一二昭析，此得以略。惟是宣公之娶，蒙示新説，不可不報。大婚之法，垂文經世，疑者提之，明者定之。宣逆女於元年，錄則罪惡自見，此則明定之者，婦姜去氏固為其疑而提之，如書趙盾、歸生、公子比、陳乞之罪皆用此。《詩》曰："日居月諸，照臨下土。"夫齊國之女於魯何有，① 而國人君夫人之如是者，何也？為其以禮歸於我也。今姜歸不以禮，則夫人之義缺矣。《春秋》屬辭比事，因變生文，白者堊之，赤者赭之，盖法自法，是以缺其氏而著其慝也，此齊惠公之罪也。若曰齊侯捐甥舅之恩，廢君臣之義，實使襄仲殺嫡立庶大惡不譏，而譏其嫁女於有喪者輕重不倫，是不然。《春秋》載事按見而著褒貶，至其謀謨詭祕，事離策籍，則有欲書而不得書［之］者矣②。獨前子惡之，卒書"大夫如齊"。後子惡之，卒書"大夫如齊"，元年以来交施受謝，見齊之與聞乎故也，著其與聞乎故，則貶在其中。説《春秋》者於此以意逆志可也。曰襄仲、宣伯有罪，當不氏者而氏，以其為公女尊君命也。按《春秋》自莊、閔以来，大夫無以不氏貶者，雖有弑父逐君之惡，皆以氏書，則獨何為於二子而以其氏立義？至於去氏以尊夫人，則禮未有以存氏為伉、去氏為恭者也。《春秋》朝王聘覇，大夫皆不去氏，夫豈尊王覇也哉，而此何為施於夫人也？避火非犯義也，使棄禮而往，斯犯義矣。《易》有師貞，有旅貞，有君子貞，有女貞，若是者言各有所一也，《易》而守之，則衆貞亂。今吾子以宋伯姬守禮無權為不足褒，是以君子貞而變女貞，何異以師貞而責旅貞也？其在《恒》之《大過》曰？"婦人吉，夫子凶。"言其為道異也，故天道變，地道常，君子則有制義行權，女子惟奉義則而已矣。衆人之所以為衆人者以富貴生，賢人為衆人之所不能為，故衆人愛其生而賢者愛其禮。伯姬死正而禮防不隳，使人知害有可避而不避，禮有易犯而不犯，以為則天下而垂光後世，彼其志必以是為賢於其生也，是以行之而無難。君

① "女"，原作"士"，據文津閣本改。
② "書之"，"之"字原無，據文津閣本補。

子若以為伯姬之年已老，可以無嫌於此，則漢唐吕、武之亂，豈其少與？是以先王制禮一之不異其度也。若以情言，以蹔舍禮為輕，以得全生為重，是不遵先王之制，毀天下萬世之共寶而利一己也。《春秋》重變禮，凡情之所便而禮有禁，此衆人之所易踰，而《春秋》之所特謹也。不然，以許易祊，豈不兩利人國而必不可與？族姻之國皆有姪娣，所謂以姪娣從者，非必同姓有也。雖當千八百諸侯之時，列國安知悉同姓，况至叔季，列國僅存，安得必責同姓之媵，然後女可嫁哉！無同姓媵乃可，甥舅媵之，此於禮文無見，又於禮意無説，恐難據也。

經之難明久矣，不有刻難則思索不深，不總羣疑則論説不究，故非得直諒多聞之友，無以濟此逺業。願吾子虚心以思，極意而言，則某也受賜矣。

跋

淵聖御書老子道德經唐十八學士畫讃等跋尾

淵聖皇帝居東宫久，恭儉文明，格於天下。衆兆跂聳，如望虞淵之日，光輝未升而懿鑠先著也。靖康之初，臣被召節入圍城中，即日賜對便殿，曰："朕在東宫，則已手録卿章疏矣。"臣退，竊詠歎聖德方在潛躍之時，固已憂勤有政而清明在位如此，此堯舜之資也。卒之非心黄屋、蒙塵於北庭者，為生靈而輕身。若夫懷姦欺天，竊權誤國，則必有任其責者矣。

老臣不死，復覩宸翰於嵁巗草廬之中，盖皆東宫舊學所書。相龍樓之如夢，瞻沙漠而椎心。竊志昭回之末，以寄號絶。使世益知皇帝存誠稽古慕士之素，至於玩日餘閒，游意水墨之間，無一言不在道者。而民不得卒被其澤，豈非天哉！建炎四年二月壬申，具官臣許某稽首謹言。

跋范文正公墨迹

范文正公天下英豪，而論詩精緻反復，謹一字之低昂，知前賢於事無所苟也。此帖久益艱得，世當共保護之①，使後生猶睹老成典刑，惇薄鎮浮，豈小補哉！紹興元年冬十一月乙巳，襄陵許某謹跋。

跋温公帖

温公字畫，秦隸之始變，蕭散精勁，冰清弦直，此其胷中必無脂韋之氣矣。紹興元年冬，許某謹識。

跋東坡帖

蘇公晚節遭時得君如此，而能使之不敢一日安於朝，讒説之敗類，信可畏哉！

跋志伋字

余生平欣慕志伋之名節而未識其人，今始睹其遺蹟，如燕昭之憮然於駿骨也②。蒼龍戊申，許崧老跋。

---

① “保護”，文津閣本作“寶護”。
② “憮然”，原作“撫然”，據文津閣本改。

跋榮夫人事

侯思孺葢薄董傳，不肯跋其《書榮夫人事》以傳信，王性之志愍懷妃躬死節義而神昇玉籍，使世知毅於禍者，不詭其正，則不得志於人，必得志於天也，而怙亂者少戒矣。楊中立論歸潔其身，簡舉有要；陳叔易憤世禍敗，力疾奮筆，道古法義，使夫人英氣凜然如生。洞霄隱吏許某曰：求夫人之誠節光明於後世，得是數子者之言足矣，余復奚云？

贊

［僧］爽老畫贊[①]

金章紫綬，廟堂之舊；見杜德機，丘壑之遺。六十七年，迹化心非，炳以丹青，遭此老師。端凝蕭散，對師者誰？月在滄江可捉，日遶崑山莫追。

祭文

祭吳閎道太中文

嗚呼！我游四方，晚從丈人。在浚西岡，不卜而鄰。丈人遇我，無傾

① “僧”字原無，據文津閣本補。

葢新。十有五年，契濶彌親。道積於躬，志老不申。典刑在子，社稷之神。當世大難，伏閤委紳。一言定國，戎狄是震。大功不讎，衆讒相淪。棲之蜀山，離絶音塵。我昔避亂，① 縻舟水濱。丈人過我，雜笑以嚬。如何期月，復此江津。道遇丈人，喪車既巾。我當在朝，不捄紛綸。孤綸難施，勞心諄諄。使公父子，萬里傷神。友朋永哀，召咎終身。死生一夢，如秋迭春。丈人我知，世莫與倫。耿耿此心，為萬世因。覆觴一慟，薦此藻蘋。

① “昔”，原作“若”，據文津閣本改。

襄陵文集·卷十一

墓誌

朝奉大夫充右文殿修撰孫公墓誌銘

宣和五年冬十二月甲申，朝奉大夫、右文殿修撰尉氏孫公卒，其侄棆、樍以書來訃且乞銘，其子壻范寅秩狀公始終，躬抵余舍曰："孫公葬卜已食，維是遠日無幾，今朝夕得銘，馳歸琢石，尚冀及事，願勿復禮辭。"余昔取友天下，恨得公晚，今又以婚姻之故來屬余銘，念雖疾甚，不可不力。即日遂論次之曰：

公諱宗鑑，字少魏，其先蓋河外人，國初以鉅族徙實畿甸。曾祖諱文通，祖諱士門，皆不仕世。父諱振，以公故贈朝請。時家益微，嘗築室得金錢以億萬計，即反之土不取，祝曰："将為孫氏祥者，不若有子。"已而公生，蓋秀異絶倫。年十一歲，以詩賦從有司試，發策援毫，氣陵老壯。登元豐三年進士第，調潁昌府户漕糸軍。未赴，連試宏詞學官，皆中高選。進真定府知録，改滁州教授，又改濱州。會尚書范公鏜帥太原，遂辟以為河東經畧司勾當公事。

公少孤，鞠於兄嫂。長銜其徳，以所以事父母之道事之。既受辟，屬嫂疾卒，遂哭之不行。歲餘，起為澶州教授。還，授擢開封府學博士。異方游學多冒籍甸内，公以為此壞士俗，力務變之，言者用是論公不當莅官鄉黨，罷去，復為教授海州。

公教諸生不專為場屋事，以故從公學者往往能道春秋、秦漢古文，尚義概，為然諾。海之士有兄弟争財者，兄怨怒，辭其母去，十年不復。公為嫁其女，敦誨其弟，使反其兄儀真，遂復為家如初。同僚許安禮母老子幼，疾棘奄奄不絶，公馳入見，呼之曰："子豈以後事為念邪?[①] 請得以身任之。"安禮睨公，頷之而卒。公果不復資人，獨舉其喪，無一不飭，觀者

① "後事"，原作"後世"，據文津閣本改。

歎之。凡其所教人及其躬行，大意如此。

除辟雍直學，會法變，罷為東京平貨場，勤恤纖介，不敢以其職為紛濁。歲餘，乃為武學博士，遷太學，改宣教郎。政和四年，雅樂始興，大司成檄公為樂，教辟雍士。月餘，士皆絃歌金石，和一莊整。有旨，大臣臨閲，既奏於庭，羣鶴來翔，小大虛聳。用是遷奉議郎，遂除荆湖北路提舉學事。未行，改湖南轉運判官，始得賜對。奏事上前，英亮開決。上説，欲留以為御史，而執政議不同，故寢。到官，禁吏非江臯之竹不採，竹所從出必避屋廬、墳墓，以故民知修貢而已，吏無敢為姦騷動。明年移北路，用捕斬叛獠黄安俊功進秩二等，陞提點刑獄，奏讞多所平反。明堂之役，公受詔斬材沅州，即具牛酒召諸溪洞酋豪，撫待以意，手酌飲之，與為期約，人人大悦，願盡力，以故險阻奇材盡出，視他路省縣官緡錢十二。朝廷材之，加直秘閣。因兄老，請以閒職反室，提點南京鴻慶宫。未閲歲，太師魯公引為道史檢討，數日，權符寶郎，始轉朝奉大夫。次年夏，遷明堂頒事，蓋宣和之初元也。至秋七月，遂召試中書舍人，賜三品服。時論以為得人，無異辭者。大河齧廣武，外都水張慤以危棘聞，詔遣近臣徃視，以為無有，慤得罪。已而上知慤奏不妄，即詔復之，公極論近臣欺罔有狀當坐，若此有實則彼不當復，竟褫其官。明年，坐繳除目不申省，以修撰罷知復州。下車即罷公帑之入不應法者，更定市價增其直，曰："僚寀雖不悦，吾民安矣。"部使者責郡縣購石，令甚急，景陵陂澤無珍産，民以為苦，公奏罷之。是歲得疾，即請老，卧家俟報。會廉訪使者建請竝江故堤外益築層堤，以防餘浸。方春，郡境屯數萬衆，陰雨寒凍，怨嗟無成勞。時寇方警吳越，公念役不亟罷且生變，即強起視事，以便宜罷之而躬待罪，掾吏皆震，朝廷果不問。既去，父老流涕，思之至今。還第三歲而終，享年四十有七。

平生常自言："三朝德業，吾尊韓忠獻；四海文章，慕蘇東坡。"皆畫其像，事之私室。養其兄既老，壽及見公為符寶而亡，喪之毁甚。及躋禁近，每悲傷絶，歎恨其兄之不我待也。兄有三子，相次淪喪。公撫諸孤如己子，得任子恩，先官其長孫棆。及請老，又將以其官與槦，有司執却其奏，乃以與子。其篤交舊族姻，逮其子孫不衰，貧窶恃公以生者甚衆。

其為大吏，與賓佐接，談笑衎衎，不見崖異，至其與大臣言，是是非非，要必有補。嘗與魯公言："方今太師富貴寵樂、壽康蕃祉，種種為世第一，可謂至足無求矣，惟陰功隱徳使日加於天下，此則天之所培、神之所勞，福禄将紹至而不窮。"因論山東妖獄連逮騷動，誣陷者衆。詞氣剴切，魯為動色，遣使覆按，脱其死者過半。蓋自是益奇公，始驟薦用，而公亦一意於其門，不以進退廢興變化。

既退居，號其山林曰"東皐"。客至，輒與之飲酒、賦詩其中，軒渠自放，風流如晉魏間人。晚益為文雅健雄富，無疾病衰落之氣。一夕，與子秉燭劇談，賦四絶句，語慨然若自憐悼其身世者。絶筆病作，[1] 夜漏未盡而逝。嗚呼，異哉！其有以知之也耶？

前兹數日，手自條別其文為百卷，號《東皐集》，又有《外制》五卷，《諸經講議》三十卷，詩話、史辨等雜録十卷，皆藏於家。

娶陳留阮氏，封令人，先公四年卒。二子，曰觧，将仕郎，始十三歲；曰泰，三歲，未命也。三女，適范氏者其長也，中許李垣，少許通仕郎劉晉卿。馮霍之原，從先兆域。銘曰：

鴻文壯麗，偉節殊尤。氣呑雲夢，光参斗牛。堂堂有此，百志不讎。去如吹毛，隕零山丘。謂天廢材，胡為生此；謂将興之，孰禦而止？宫宅掩幽，精誠化碧。何以慰之，深此珉刻。

給事郎守殿中丞致仕沈公墓誌銘

政和四年六月癸酉，葬故殿中丞沈公于開封之太康縣長樂鄉邈城之

---

① "病"，文津閣本作"疾"。

原①，從先兆域。其孫天民、天祐先事來告，且乞銘曰："天不造于我家，先大父没，則冢嗣以其倫相次下世，葬用久弗克舉。今我藐然力兹大事，以祖考之靈，龜筮無違，惟是所以刻諸其冥宅而賛幽光者未有攸屬。子，我家之自出，敢以是累子矣。"某執書泣曰："此先太夫人之志也，乃今得以徼福於烈光，曷敢以不敏辭？"顧公之事遠矣，其傳有概而無詳，謹論撰其著不疑者而叙之曰：

公諱超囬，字深之，世家太康。肇自魏王，躬秉休明，翊亮藝祖，建定大業，遂相太宗，濟升丕彝。功德茂盛，委祉厥家。冑嗣太師，是産冲懿。膺命慶曆，為帝元妃。族用光大，貴震一時。妃視公父贈駕部郎中元吉兄弟行也，以故薦公補將仕郎，歷秘書省校書郎，為司法參軍于亳，監酒于明，以登仕郎為録事參軍于汾，以給事郎為團練判官于常，遂以太子右賛善大夫致仕。

公為人精明剛蹇，是非齦齦，所居官必最其烈，然亦以是不能與人詭遇齟齬。其在常州，數據法與守爭，不可屈撓。公既官久，不遂益厭，又與守積不相中，則慨然曰："丈夫生世不得行意於官，則當肆志於家，安能鬱鬱久事若而人哉！"即日謝去，蓋年方四十二矣。即歸，盡發故貲，益大其所居第，使之壯麗高明，稱其意氣。鑿池築臺，育龜、魚，殖名花、嘉木、修竹，以侈游觀，曰："吾寧樂此以終身。"公雖不為政，然人益信服其徳義畏之。鄉隣有言，往往不聽於官府而聽於公。使其得位而施於斯民，宜如何也？

神宗即位，覃慶天下，轉殿中丞，賜五品服。明年郊祀，加騎都尉。年五十二，以熙寧四年二月癸未終于家。異哉！公之平生進将行乎其方，而人反欲以自徇，将退而樂乎其老，而天不使之少延，是果天邪？人邪？其可哀也已。

始娶成氏，不及封，再娶張氏，是封永康縣君。男女四人：曰唐卿、曰飛卿，唐卿右班殿直，與飛卿皆未仕而卒。長女適襄陵許氏，即某之先

---

① "鄉"，原作"卿"，據文津閣本改。

太夫人；季女適邑人李居正。先太夫人資類公。初，先君起參商州軍而捐諸孤，先太夫人尚少也，而襁負千里，反先君柩襄陵，躬居寡約，辦治斬斬。公數往來二縣間，鎮撫其家。當是時，某生始四五歲，最愛於公，是豈知今日且銘公哉！銘曰：

嶽彼大阜，矗彼蒼木，神護其域，凜焉以肅。嗚呼！是維沈公之墓，爾後之人過而式之。

贈朝散郎孫君墓誌銘

政和三年，[①] 余入校中祕書，所與並遊往往鮮明辯麗，英發可喜，而魯國孫君聖求獨靖固淵塞，渾然難知。余心異之，曰："此豈非曲阜闕里之風也哉？吾今乃知天以夫子之教興於魯者，因其質厚如此而文生之也[②]。"後二年，謁其丈人大夫公於東郭私第，聽其議論，重德人也。又一年，其家卜葬其先大父，則狀其行與事而請銘於余。余既得交於聖求父子間，又得於此考觀其世德之經緯本末，喟然嘆其積之遠矣，因益見魯多君子，足以發吾昔日之言為不妄也，遂書躅而銘以亂之：

君諱覲，字明之，兖之泗水人。曾祖諱程，祖諱榮，考諱達，世世以農服田。至君之考，乃盡割膏腴以與兄弟，而自取磽薄，力耕其中。君少而孤，食齏攻苦，事繼母、撫諸弟以立家，母為戒敕所生："無得恃吾故亂兄治。"官府有政與勤其弟，君寧以身往役[③]。發於誠心，以故上下依懷，閨門大和。歲惡，人爭貸粟於官，君獨不往，曰："今自刻厲，尚可以生，

① "政和三年"前，《北京圖書館藏中國歷代石刻拓本彙編》第42册《孫覲墓志》（以下簡稱《孫覲墓志》）多"朝奉郎行秘書省校書郎兼國史編修官編修六典檢閱文字賜緋魚袋許翰撰並書承議郎秘書省著作郎編修六典檢閱文字李敦義篆蓋。"

② "文"，原作"天"，據《孫覲墓志》、《山左金石志》卷18、文津閣本改。

③ "君"，原作"吾"，據文意改。

貸而不能歸，是欺國也。”其居鄉，能以義概動人，沈毅慨慷，時有俠氣。有惡少自以負君，妄意君心，結客數十，撫刄從君。君正衣冠而叱之，惡少心震氣褫，失刄墮地，數以云云，不覺膝屈①，請得改事，君因與語，不復芥蔕。巨寇將至，鄉人大擾，謀徙避之，君止之曰：“少竢我。”即持牛酒造寇壁願見，因留與之醉飽，歌呼相樂，輸以其情，寇壮而義之，為引去。有故家子嗜酒不羇，君見，戒以無頹家聲。發怒辱君，君謝，遇之益厚。其人媿之，終身避君。縣吏與君不相能，數中以吏事②，後敗困窮，君反賙之，吏愧亡匿，曰：“無面目見孫君矣。”蓋其能詘服人心如此。

大夫罷官興元，聞魯大荒，或欲擇居它鄉，君不可，曰：“無年如此，族姻日夜望吾至以薦其饑，吾何忍擇利自營，而不此顧恤乎?”既歸弛擔，即内外千指仰食君。君市米官廩，雜糠覈藜藿，相與食之無難色，有餘則以餉鄰里之窮無告者，賑施甚衆。大夫官蜀，③ 計司取錢引之當毁者復出之郡縣，大夫月受以為俸，君曰：“以此與民為市，是罔民也。”禁家人無得出，積為錢五六十萬盡廢。其後有司逮治操空文以市於民者，官吏皆汚，而大夫獨皭然無有，蜀人賢之。

大夫之為循吏，君蓋多有力焉。其自蜀歸，則盡舉族人之無後與貧不克葬者凡三十五喪葬之。未疾數月，忽戒其子儉葬，與凡家事豫為條理。大觀四年八月辛卯，卒於舒州官舍，年八十一，以子恩［為］通直郎④，累贈至朝散郎。其治命曰：“必於先塋乎吾葬。”今以十月甲申葬菟裘東節義鄉里仁之原，與考同域。

娶曹氏，贈太宜人。男女二人，男琪，朝散大夫、提點南康軍逍遥觀，女適邑潘潛。孫凡四人，傅、儉、億、儔。傅，奉議郎，以詞學兼茂高選為祕書省正字，即余之所異［為］同舍郎也⑤；億，将仕郎，鄆州刑曹掾；

① “膝屈”，原作“屈膝”，據《孫覲墓志》、《山左金石志》卷18改。
② “吏事”，原作“事吏”，據《孫覲墓志》、《山左金石志》卷18改。
③ “官”，原作“為”，據《孫覲墓志》改。
④ “為”字原無，據《孫覲墓誌》、文津閣本補。
⑤ “為”字原無，據《孫覲墓誌》補。

餘未官。

初，君未嘗伏術為學，而行事每與書合，又能縛絀自下，以延致士教子孫詩書，以故子孫彬彬，多以文學著云。銘曰：

暴興非祥墮神姦，慶積離久乃見端①。根蟠源泓天所艱，擢為修林舒長瀾。孫氏世隱耕寬閒，逮君負能不施官。人文不琢天守完，徯天我昌匪力干。裔胄衮衮方彈冠，謂君未顯非今患，貽詩佳城惟後觀。

陳州宛丘縣令蔡君墓誌銘

元祐八年春三月乙未，陳宛丘令蔡君卒。越翼日，其佐許某還自潁②，往哭于其寢而弔其孤，退助其凡役事。其孤邦獻将護柩歸葬，號泣因其友生曰："先生幸以寮寀辱好吾子，曰公曰私，朝議夕讌，意氣克咸無拂。子之在東，先君遘疾顧言曰：'許君卒不來乎？為我謝之。'則既以今日之事累子矣，請屬以銘。"某悲其言，不敢復辭。

君諱閎，字彦高，世衢人。曾祖顔弗仕，祖旷贈尚書都官郎中，父偃以文學著，有詩名吳越間。其學無所不通，遠至天文地理、星象曆數、陰陽之流激變化，萬物奇怪深偉，咸邃其説而大歸于義命。登進士第，以尚書都官員外郎致仕。君始主杭之富陽簿，秩滿遷令，為潤之丹徒，為宛丘，遂終于令，春秋四十九。

君辨麗劇談，與物太和，不起圭角，尊酒衎衎，傲世自若。顧為政鋭甚，所居藉藉有聲，以故平生雖横陷不振而薦之者皆一時名公卿。元豐間遣使治賦東南，而君適以主簿權新城，據圖搜抉，得漏賦五千。有司奏之，遂遷丹徒。時執政之親有罹于法者久不决，君得建治事獄具奏，為奏曰：

① "離"，原作"維"，據《孫覲墓志》、《山左金石志》卷18改。
② "潁"，原作"潁"，據文津閣本改。

“今狀明甚而獄有待，故覆之輒變，侮法敝民，請得勿覆，以示公天下。”君以小邑令劾奏九重與宰相抗，先帝壯之。會棄天下，訖不及試。去丹徒，當改官京師。入見有日矣，而丁母憂。服既闋，有司復奏新城之事，以為用新法進官不得改。晚節末路，益以齟齬，益事燕適，不奪其樂，可謂知所重矣。

始娶梁氏，卒；娶鄭氏。男三人，曰邦獻、邦直、邦式。女三人，尚幼。以某年月日葬君于西安縣浮石鄉若溪之原。銘曰：

孰不貴兮，子獨當而數奇。孰不壽兮，子獨不留而遄歸。蒼蒼吳山兮，下有溪水。石以居兮，春秋來祠。期以歸來兮，樂且有依。尚能浮沉兮，如平生［時］①。

孫使君墓誌銘

士之仕也，高則欲行其道，其次亦皆以材自試，冀發其躬於功名富貴之間，然而資籍高華則庸衆超詣而有餘，系微祚薄則英奇逐爭而不足。此蓋理勢之常，自古所嘆。是故士之自信其志，乃能于艱難狹隘孤獨阨堙之中拔起而不羣，卒以寵光，此其材必有過人者矣。如孫君其庶乎！

君諱道，字純老，世家河南密縣，縣今隸鄭，遂為鄭人。曾祖諱浦，祖諱範，父諱湘，皆不仕。至君始慨然力學，思自奮起，輕財喜士，以是游英儁間籍籍。年十七，即以進士薦於河南，然其後遂數離家，艱困不振，至年五十始得官，調宿州虹縣尉。虹多盗，民數被攻剽，君至嘆曰：“是豈不足以為邪？且吾在焉，不可使民不寧其居。”悉其勤畧，斬捕甚衆，以功遷承務郎。監京師税，歲有羡。通判全州，論獄，平反奏讞活其人，部使者知其能，故數用獄，凡反覆者君至輒定，獄折無留。其治邵州亡囚、桂

① “時”字原無，據文津閣本補。

州火事皆難竟，人至今稱其敏而服其平。全與荒服谿洞犬牙，猺人隸之，易以生釁，君以綏靖寧謐，被詔奨諭。秩滿，漕司辟君為屬，歲餘，喟然有歸心，謂諸子曰："吾老矣，躬竊國恩而親不蒙養。"乃以進築平、允、從、孚、庭五州新疆漕轉金穀巨萬奏功，還朝遷通直郎，而封其母杜氏、鄧氏、薛氏、劉氏君瑞安、永福、懷仁、金華、興泰等縣。國家得寶玉，覃慶天下，遷奉議郎、知巴州，未赴。以大觀二年六月丁酉終于家，享年七十二。

夫人李氏，贈會昌縣君。子六人，鐸、鉞、鍔皆舉進士，懋、愈、麔者早亡。女二人，長適李璹，次適通直郎王彦輔。孫男女凡十一人，遂為其邑望族。

嗚呼！君讀書求仕三十餘年而後得一尉，間闗勤勞，七遷其官而止於此，豈非所謂處勢狹隘而用力艱難者哉[①]！然卒以其慶譽逮其先人而昌其家，可謂能矣。余與君同元祐三年進士，及余為密令，始與君游。余資簡畧，自以非世器，每見君之為人精悍誠必自力，未嘗不絶嘆以為不可能也。君有治命，必求余銘，故諸子將以四年七月丁卯葬君於縣之西門陽山之阿，遂祔其夫人。既戒事，鉞則墨其縗環，千里而謁余於京師，具狀君行，以銘為請。固辭，請益哀，是惡可以不變也歟？乃受而銘之。銘曰：

明昌之隆，憑翼于豐。紛彼裳衣，寵褒事功。君侯翹翹，資豈不逢？惟其暮年，飛揚不冲。亦有孝子，得銘千里。以昭其韙，以慰其止。

朝請大夫提點信州太霞宫魏公墓誌銘

余少讀《周書》，見周公告成王，以文王立政，蓋自三宅之儁以致百司

---

① "勢"，文津閣本作"世"。

庶府，“其惟克用常人”、“立兹常事”，心獨不喻，以盛王作興，豈徒用常人、立常事哉！今老矣，考觀古今之變益備，思益深，乃始喟然三復周公之言，矯首詠歎，如易牙之得意五鼎，殆有不可以告人者也。夫正人不傾危以窮利，吉士無狠矜以擅名，循吏不擊斷掊克以取一切、要世資，修誠履素，上下相安而天下不治者，未之有也，此則古之所謂常者。

豫章魏公束髮讀書，入官凡四十年，一節不渝，為人修慎縛絀，有禮安舒，不與物迕。或謀陰中傷之，既知，終不與校，反更以德施之。蒞官行法，要在安民而已，不取辦治名。疑獄務與其所建治，緣於不得已。為御史臺，屬京師四年，同游多自揚厲，得路一時，而公去訖無知者，此豈非所謂正人吉士今之循吏也歟？使士每若此，天下端無事，豈憂不足哉！

魏氏之先諱憲不仕者，公曾祖也；逮公祖考始相繼登進士第，仕至郡守、部使者。祖諱拱，贈禮部尚書；考諱兼，贈正奉大夫。公諱喬，字貫通，早孤自力，又登進士第，尉臨江之新淦，遷令撫州宜黄。丁母憂，服除，調録事参軍泗州，知楚州鹽城，簽書虔州判官公事，辟御史臺主簿，除通判廣信軍。罷非其罪，還朝見直，復通判和州，以所生母憂不赴。起刺劍州，未幾請去，遂以提點信州太霞宫還豫章。公自泗上用薦者改左宣德郎，中更天子即位，受寶册，被慶澤，累日遷秩至官朝請大夫①，勲驍騎尉。享年七十，而卒於政和七年十二月丁卯。

娶李氏，封宜人。男女凡七人，康臣、端臣早卒，其仲曰淇，以公恩為迪功、江州司户曹事。長女適漳州龍巖縣丞黄彦之，前卒；次適進士李黯，次未嫁卒，次歸余兄子啟明。淇将以八年十二月壬辰葬公豫章西山之雙岡，則遣使因啟明而來乞銘。銘曰：

治不武健而民受其祉，行無卓詭而人以為君。子生雖不富貴②，其康于死。

① “朝請大夫”，原作“朝散大夫”，據文津閣本改。
② “富貴”，文津閣本作“康貴”。

襄陵文集·卷十二

◇ 墓誌

比部員外郎致仕沈公墓誌銘

先太夫人既喪先太師，端憂襄陵汴水濱，伯外王父解官昭慶①，過而省之，留止累月，以鎮撫其勤約，是時熙寧三年冬也。某以童子扶携公側，迄今尚能記公頎然而髯，朱服象簡，和氣欣欣也。後六年而公卒，又四十一年而公葬。既葬七年，某始論撰公事。蓋距公之過襄陵五十四年之間，太夫人遺捐諸孤，伯氏、季氏隨屬即世，諸舅、諸姨紛總衿纓，從公見客，相與紛譁於席間者，風流雲滅，無一在矣，而獨餘某於此頽然伏几而銘公。嗚呼，豈不悲哉！

公諱昭遜，字道卿，太康沈氏系大丞相魏恭惠王贈駕部郎中諱元吉者之元子也。王有女孫，妃于定陵，膺保壽祉，紹王絶緒，以故拜公將仕郎、試祕書省校書郎。公既少，以相家戚里胄嗣試吏，思自以其力能顯，遂其躬所居，興官嗜事，秋毫必振。作尉湖州長興，長興恃公以無盜；監酒徐州，酒亦大市，三歲鏹八萬四千有奇以為贏息。用擢衛尉寺丞，自是後凡再簽書廣德、昭慶軍判官公事，他官如常之無錫、秀之華亭、閬之南部、知雲安軍皆以艱故不行。年六十七，即以朝奉郎、尚書比部員外郎、上騎都尉老焉。次年七月乙卯，卒于私第。

公性溫恭樂易，泛與人相從容，而多智强力，離絶匹倫。越有兵官靳元用獄屢變，詔部使者擇能吏鞫于餘杭。書被公即馳往，閲一二旬則具得其情，破械出數百人，訖無異辭。餘杭太守沈公文通治行雋一時，見公獄決，擊節奇賞。凡公之為吏如此而多，事久遠難質，故没不載。傳信闕疑，銘之著也。

公娶李氏、吕氏，晚娶王氏，工部侍郎、知樞密院贈司空穆公覵之孫，

① “王父”，原作“父王”，據文津閣本改。

比部郎中贈正議大夫正路之女，是封長壽縣君。撫公之孤三男二女，使壯有立，畢其嫁娶，後公十有四年而卒。三男皆出王夫人，曰獻卿，蔡州新蔡主簿，早世；端卿，宣教郎，與其弟茂卿以政和六年十一月壬寅葬公太康之長樂鄉邈城村駕部公兆。而端卿卒，刻公之銘者，茂卿與諸孫也。當公過襄陵時，蓋皆未生焉。銘曰：

老身于官，考有十二。其施堇堇，亦克有韙。誰云歲久，絶迹莫追。觀鳳一翎，五德之遺。公為不亡，墓有信辭。子孫琢石，而甥銘之。

登仕郎守少府監孫公墓誌銘

孫氏世錢塘人，自侯曾祖寵遷京師，逮祖守信、父用宗，皆治家饒財不為吏。侯以參知政事王公堯臣之薦入官，稍遷至將仕郎，守少府監丞，訖不以吏自試而老于家。為人孝友簡質，專以誠長者自居，見人惡務掩之，下至厮役、扈養，皆有以得其心。其學多方，好樂便射，受相人術，受道家籙，而藥石、衛生之書尤邃，祈脩其疾者無日不轃於門。侯曰：“醫，仁術也，古之聖賢多隱焉，吾亦何貶於此?”生平用是脱人於死而不自矜功。始，王公既知侯而官之，曹王佾又為侯太夫人請於朝加明服焉，人曰長者報也。嘗宿塔廟，夢二人以無衣告，晨出戶外，見二神人像徒土木質，屹立甚偉，侯遽出金錢治其纓佩裙褶，曰：“神見夢，我既許之矣。”蓋其誠感不欺如此。隆暑之夕，人人偃薄月露間，而侯獨衣褐以居，罕出簷隙。熊經鳥伸為壽，而暮年時覺氣冲而上，流轉三宫，華池津津，聰明不衰。一日方寒，婦饋巵酒，侯受之，既而嘆曰：“吾欲止酒延數日壽，今業飲此，則亦已矣。”居十日無佗恙，過族姻間揷花飲酒談笑如故，以為“人生要在平夷其心而已，故去惡賢於造善。”反復咏歎若意有屬者。既罷反室，帶未解花，酒猶在帢，兀爾而坐，即之則已化矣。

侯諱惟恭，字執禮，享年七十。妻趙氏，繼室蔡氏。子文林郎公宣，孫保義郎、監富國倉門樗，閤門祗候王道、鄭友聞壻其二女。始侯卒于大觀元年正月癸丑，十月而葬鄭密縣許呂之原，術士張昌明來觀葬，以歲支如侯所生之年曰："歲不可用也，後當遷。"至宣和元年，竟用墓穴非是，某月某日更窀，始乞余銘。銘曰：

《詩》亦有言："多福自求"。天網孔疎，要必我收。曰淑曰慝，夫豈必讎？宛彼化時，則章厥修。孫侯恂恂，鬼神據依。司人之疾，有祈莫違。顧邈一世，六十九非。衣冠不變，晏然于歸。欲知侯心，考祥于履。勿觀其生，而觀其死。改墓得銘，亦後有子。鑱石幽墟，維以昭匙。

修職郎宋侯墓誌銘

宋侯諱道方，字義叔，世河東人。父曰可德，有隱操，好五行三式、星曆丹經神奇奥衍之學，從方外士客游梁宋間，遂家襄陵。義叔年十五，念貧無以為養，則輟其所學詩書而學為醫，取神農、帝嚳以來方術舊聞，晝夜伏而讀之。二年曰："可矣。"始出刀圭以治人，病往往愈，益自信。是時襄陵有鄉先生曰白子春，行高而志介，難許可，余為誦書童子侍先生側，數聞先生語義叔賢。義叔亦能法象先生，服膺其言，以禮自持重，譚笑不苟，瞻視必儼，每衣冠出門，在尋尺間不左右顧。其救疾取資以義為方，蓋終身如是不渝，至今鄉人之為醫者皆近厚恥言財，化義叔也。

義叔非有世業資藉，專用古法以治人，遂張仲景，尊孫思邈。初以年少後起，邑中老醫俗學者皆意輕之竊笑，已而見其議論博綜羣書，藥石條理皆有本原，據依不妄，稍復畏而忌之，久而靡然屈服以定，遂為醫宗，名號聞四方，搢紳大夫道過邑者必求見之。

政和三年，朝廷悼方術之不明，興太醫學京師，以將仕郎、太醫學諭起之，遷修職郎。居數月，以情祈大臣請去，乃除中山府北岳廟，使之歸食其禄。凡四年，秩再當解，或勸復請，曰："不可。"遂乞致仕，未報，以疾卒於家。

其為人多聞强識，亦能讀其父書，馳騁上下語之，浩然深博而不以為宗。獨喜潛心西方聖人之法，自謂少有契晤于心，自三十即絶葷膻不復御，至其疾棘不亂。少時其父嘗曰："汝稟數忒，① 惟德可以延此。"義叔之壽蓋七十有一年，孰謂天命不可與謀哉！

始娶孫氏，卒，再娶任氏。男女凡六人，長男公睿，為迪功郎、泗州法曹參軍；次公容，未仕。長女嫁朝散郎王晲，卒贈安人，次皆嫁鄉里。義叔卒以八年八月甲寅，葬以九月丁卯，墓在襄陵錦繡鄉岳歷之原。葬後二年，公睿乃乞余文表之，而系以詩云：

天生五材，民並用之。唯古聖哲，手制厥宜。草木金石，莫為我施。以伐羣慝，而濟壽祺。析此精粹，擷彼華滋。化以心術，應于氣機。大人得之，以理天地。鴻綸萬世，彌陶庶彙。隱士得之，轉移疾沴。斯人之命，與國侔勢。神祖知伏，此道亦翳。尚有竹素，若我之俟。於穆宋侯，思振其奇。羣書既綜，奥境亦闚。領畧衆妙，一發於醫。五十四年，户滿履綦。侯歸翛然，邑人之悲。琢石陳詩，以慰爾思。

居士許公墓誌銘

襄陵許氏世有至德，五季之亂，譜録散亡，或傳其系出、爵里未能昭也，所可知者，自公高祖而葬襄陵家焉。曾祖諱守英，祖諱陟，皆隱田野，為大農家，惇而不華。父諱可宗，少受書而好交，實始從父徙居東郭。以

① "稟"，原作"凜"，據文津閣本改。

寬大長者厚施約取，得人忠力，致産千金，乃厚禮延致高士孝廉白公子春為諸子師，飭以行藝。公天資既賢，又生而見世德之純麗，出而聞師説之刻厲，薰襲深茂，端自樹立，事親承顔，左右無違。自年十二司父管鑰，逮至老壯，其友羣弟以愛，而誨諸子以嚴，皆可法象。

白公無子，盜圯其塚，公執弟子禮徃為改葬，又刻石存著其德以表之。友人有出而妻亡者，貧不能喪，公帥其所與游為市棺柩，含斂立具，殆賢於友人在家。有賈氏者世與公家錢通，歲久負逋三百七十餘萬，欲貿其産，公歎曰："人其以我為販賈氏乎？"即折其券不取。其子與武氏姻，將娶而女被疾，武氏辭昏，公曰："吾豈以人之中道不幸遇疾而負約哉！"固入幣遣子納之。族黨有誣訟公者，逮得直，反為之請，不願傷恩愛之義。其遇事每如此。

公諱永，字仲思，娶夫人李氏，有子七人，曰慥、忱、恂、惲、愭、忻、忭。夫人愿淑不忌，事夫順，治家謹。而慥甚孝友，以躬戮力為養而業諸弟於學，故公晚節家雖益貧而日間無事，賦詩、奕碁有以自娱也。宣和二年夏，慥病卒，公如失左右手，哭之傷。是歲，恂與忻以治《詩》貢於鄉。明年，忻登第歸，庭闈未及相獻酬，里閈牛酒未及相慶勞，而夫人又卒，公已素病，因亦伏枕。自度不復興，作詩著其心之直諒無畏於死生之變者，手為治命，戒其子恭儉保家，曰："割某宅以歸某逋，捐某圃以讎某負，無使吾有遺恨於身也。"又自求櫝於櫬，令置三聖經籍其中，凡衣衾、裳帷、兆域、堋封無一不為條理而後乃啓手足。享年六十有二，實三年之閏五月甲申也。明年二月甲寅，與夫人偕葬拱之襄陵龍池鄉澗岡西嶺，慥同域焉。

公維某族叔父，遇某又厚。於其葬也，非斯文其無以洩心思之悲而慰神明之往也，敢薦以銘。銘曰：

昭哉四嶽，世有哲謀。遐緒不牒，幽人在丘。德積將昌，數極始革。去農就士，東郭是宅。逮公之生，有《書》有《詩》。有倬其資，似其父師。孔厚百年，天必興之。躬則坎壈，有子頎頎。于澗之岡，阡松隧碑。其觀如雲，冠蓋來祠。

翁季女墓誌銘

翁季女寧者，朝請郎、提點淮南東路刑獄彦深之子，贈中奉大夫諱仲通之孫，贈朝奉郎諱元方之曾孫。以崇寧元年生，命之曰寧。

寧資淑明，居房闥間終日靚莊，左右無敢少之者，其於女紅、家節精詣昭晰，心理粲然。年十四哭其姊以得疾，藥石修之，百日僅愈。而母余夫人病，寧日夜侍側，躬勞心悴，不得休息。至明年，又哭其母，屢絶而蘇，人皆憂其將不支也。已而疾果復亟，終不肯以葷烈滋味食飲自持，朝夕號慟，逮困頓，猶伏苫嗚不止。自知不可復興，與其父訣，語悽人心，少頃卒。葢寧生十五年未嫁，以政和六年夏五月庚子没于京師，以七年冬十一月壬辰葬于建州崇安縣開耀鄉五夫里麇山之麓，與其姊同封而異穴。

彦深先事貽書襄陵許某而請銘曰："寧死孝也，雖未洽于禮，君其取節焉。"某愀然曰："寧於史法當書，昔漢劉向傳列女，其言行類非内則之正也，要足以礪世濯俗。吾聞聖人設教，務矯民德反諸厚。書寧之事，意後之人必有讀之而媿於心者，則寧於天地之經不為無功矣。"銘曰：

何蘭芷之芬潔兮，騫披離此繁霜。枝葉忽其殞零兮，獨結風而遺芳。古維誠之務修兮，禮非偽其焉妨。林放不諳厥本兮，孰焉知聖之所臧亮。精一之不貳兮，雖隕涕其何傷？寧知殆而不自克兮，遂余之天而與人畸。聳淑尤之冲標兮，委姚冶之令姿。凌霄極而上奔兮，從親輿而遨嬉。壽有亡者存兮，人以其類悲之。亂轇轕而側鳳翎兮，睆故鄉而懷思。鑱詞泉宫而時祀兮，靈春秋其來茲。

蔣氏夫人墓誌銘

滁之全椒蔣氏誠咸守玉，三世以謹厚重鄉里，不仕。贈奉議郎王侯鈞之夫人，守玉女也。以淑令有聞於婦姑之間。姑每幽獨不樂終日，惟欲臥，見夫人則有起色，以是夫人長無離側。又佐其夫教養諸子，躬視其讀書，節己奉以資交游。子故多賢，其季以大觀三年登大第，比第後四年賜對便殿，擢校中祕書。明年，夫人遂以郊恩封。又明年，年七十二，以冬至日卒京師昭化坊第。

夫人刻意内書，[1] 葢天資清淑，自其為童子，則月齋日誦有常度，晚亦修綜，自造沖靜。疾革，鄉人入問之，夫人起與語，相勞苦如平生。客去，超然十誦西方聖人之號而没，若無它者。嗚呼，此豈無所得而然哉！王氏故大家，族姻半閡閈。夫人洽穆，大小無間言，矜寡撫孤，與人終竟，多家人所難能者，故逆其喪者皆哀出涕，道路奠祭相望。

男女凡六人，長子曰椿，次彦中，次彦成，即前以校書郎奉夫人京師者也，甚積而文，今為尚書司勳員外郎。三女皆歸學校士。孫男女凡十四人，長孫言恭以上舍登第，調廬州合肥主簿，餘始就學。滁人以謂夫人有遺澤子孫之與，興家未艾宜也。以政和五年十一月二十日祔夫人全椒西龍潭鄉龍泉之原奉議公兆。後五年，彦成始得銘於襄陵許某。鑱石納諸其墓。銘曰：

毓昭質，發令族。事尊章，躬若淑。宗姻洽，祖考穆。世之澤，子有穀。生蒙榮，没遺光。逝安歸，藐四方。來歲時，食潔芳。褰超搖，樂未央。

---

① “刻意”，文津閣本作“刻己”。

龔氏夫人墓誌銘

潭州湘潭龔氏居士諱用罔者，有女至孝而賢，侍居士疾累年①，或閱旬不解帶。年十七為奉議郎譚侯夫人。姑郭夫人耿介難可，夫人事之順焉，每曰：“婦孝，使吾益一賢女矣。”譚大族，婚嫁歲相屬，夫人傾橐中裝以佐諸費，寧自勤約。郭夫人寵愛其女，既沒，夫人緣雅意厚事諸姑，身鞠龔氏遺甥女，長嫁之，資送如己子，蓋其誠於族姻既久不渝如此。譚侯喜延士，夫人日為具，衆沓至無倦色。又以《論語》、《孟子》躬授其子，夜然膏火，力縫紉，視其讀書，不以寒暑變也。迨見其子世勣取進士第，以詞學兼茂首選入校中祕書，為郎尚書省，閭里以榮夫人，而夫人視之澹然。至譚侯弟中登上舍第，則喜見顔色間，每誡世勣仕無欲速，顧義命如何耳。天子受元圭，以子在廷恩封孺人。駙馬都尉曾夤得尚嘉德帝姬，又以姻家賜冠帔焉。

夫人資性慈和，治家無所笞辱而小大雍穆。自幼讀西方聖人之書，能得其要，既病不亂，觀無量壽像以化，實宣和元年八月十九日也，享年六十有八。時世勣以朝散郎、提點鳳翔府上清太平宫，居鄉侍疾奉終事。明年二月丙申，葬夫人湘潭縣昭潭鄉之澤子岡。季子世南早卒，女歸貢士某。

其長孫壻潭州攸縣丞李嘉運狀夫人之事如此，而世勣請銘于余。世勣與余為同舍郎，校讎五年，非從衆慶弔不至要人之門，余益奇之，及聞夫人之言，於是知彦成能爾者有此母也。使夫人汲汲於彼，則人子雖静者寧能恝然於其心哉！夫人有澤，其後必大，吾又有以知彦成之將用於世也。銘曰：

潔齋躬心，長女之則。詩歌季穉，焉取斯德。夫人在家，孝恭是

① “居士”，文津閣本作“君子”。

力。移于尊章，以考婦職。受天之釐，有子則賢。躬授以書，鳳翔雲騫。將豐其後，必聞于先。此石此詩，亦相垂延。

故朝奉大夫通判慈州沈公墓誌銘

藝祖皇帝戡定四方，太宗皇帝遵揚厥緒，征綏蕩原，不專威武。德盛功深，格天永命。當此之時，魏恭惠王實佐二聖，隱虞干戈，昭登廊廟，吉康惇大，迪我慈祥。則是天祚鉅宋，所以曆服泰定，不震不渝者，抑沈氏子孫宜與休其餘光。太師嗣興，越生昭靜。令儀淑德，章聖是嬪。壽寵四朝，疏榮九族，而公蒙澤焉。

謹按公之世譜曰：太康之沈，興自尚書左僕射追封魏王諱倫，魏王生光禄寺少卿贈太師諱繼宗，太師生開州團練使贈正奉大夫諱惟恭，正奉生公諱立基，字伯成，用貴妃恩授將作監主簿。元豐詔新官制，改承務郎，累遷至朝奉大夫，歷汝、廬、瀛三州監當，遷簽書信陽軍判官公事，通判懷州，坐累罷去。事復昭明，為下卸司，以續前考，又折其資，司録登州，復為慈州通判，未赴。年五十二，以政和六年七月辛亥卒于京師。公既所憑者厚而資又賢，始人以謂庶幾其復興沈氏矣，而卒壽不究止此，尚何言哉！

公為人沈毅寡言，以誠自居，族姻多連宗室、戚里，歲時肴酒相追逐，公在遺簪墮珥之間，未嘗見其傾視媟語。其蒞事威重，色不可犯，掾吏抱案牘震竦待命，公一省閲則姦慝繆盭隱伏必發，以故信服無敢欺者。然公德宇通宏有容，人終畏敬而不怨。郡府議政，公徒熟視若無能言者，言發則隱然莫能刻難，自太守而下皆變己説撓而從之，獄訟之決曰："已經沈公矣。"人則遂行，安而不疑。

公既廉於作吏而儉居家，厚事親友，客至，竭所有以奉之，無所顧惜，或解衣裘以繼樽俎，以故既沒貧無餘資。

方疾亟時，忽莊，若臨蒞公府指揮吏屬狀，問之不肯言，而獨顧其夫人焦氏曰："吾疾不復興矣。"因聚其族與之相訣。沒數日，夫人寤夢騎從傳呼，公來反室，有所告誡，從容如平生曰："吾即去，當一嘆以別。"已而爽然，則戸牖間有歎息聲，求之無人焉。嗚呼，異哉！吾聞人之聰明正直而壹者，沒而為神，典司禍福，豈謂是耶？

公生三男四女，男曰希紹，曰希緒，曰希縉，希紹當世公禄而未命也。長女歸通直郎、開封府司戸曹事呂安本，次二女皆歸宗室，曰忠訓郎叔笥，曰率府率士𡺂，其季在室。

夫人奉公之喪，將以十月辛酉葬開封之祥符縣北常村魏王兆域，涕泣遣使來喻意曰："子固沈氏甥也，又以記述品藻，職在太史，其為我作大夫銘。"銘曰：

> 魏王相邦，侈德自躬。妃表宮房，厥慶是鴻。大夫渾渾，不淪紈綺。我思古人，識其孫子。徃踐烈光，有志弗成。英氣不沒，凛其如生。王胙未替，公裔終起。封墓殖木，勿拜勿圯。

辑佚

詩

無　題

久客煩殊禮，勞生復遠遊。聞懸徐穉榻，還望李膺舟。老去故人少，別来殘歲流。一杯何日把，夢斷九江秋。建炎三年正月十一日，脩江雲巖寺東軒襄陵許崧老識。（［宋］曾宏父：《鳳墅帖》續帖卷 4，《中國法帖全集》第八冊，武漢：湖北美術出版社，2002）

翰方舍舟九江適會僕射相公道過二林得非所期相顧歎息輒為長句用志勝遊且以敍別

公為逐客向何州，我亦離家賦遠遊。邂逅二林成晤賞，寂寥千古想風流。玉鏘溪堰涼吹榻，蓋偃松蘿翠滿樓。明日分攜重迴首，廬峯空見紫煙浮。（［宋］李綱：《梁溪先生文集》卷 18，《宋集珍本叢刊》第 36 冊影印傅增湘校清道光刻本，參校《梁谿集》［影印文淵閣四庫全書本］，下同）

翰奉和大觀文相公見寄古風

旃裘亂衣裳，風雨飄屋廬。南奔萬里路，[1] 脫死鋒鏑餘。翠華狩絶域，黃塵翳修途。朝無嵇侍中，濺血霑誰裾。胡兒金束袍，漉蔌懸珊瑚。驕氣吞九州，投餌術已疎。公捐繞朝策，觀化聊據梧。鳳凰渺鴻乙，紫氛誰與

① “路”，文淵閣本《梁谿集》卷 23 作“空”。

俱。丘壑歲已晚,[1] 鍾鼎功未書。棄置委時運,逍摇遊物初[2]。此憂自古有,此樂絶世無。邂逅拯横流,功成吾不居。(《梁溪先生文集》卷 23)

許崧老三友篇贈珪老

平生我三友,四海吳李孫。抱能不時施,戎馬生中原。孫既北隨難,落日胡塵昏。吳亦南投荒,蠻瘴愁朝暾。李今又去我,浮槎雜鼉黿。飛濤渺何極,海天相吐吞。蘧蘧遺此老,死生信乾坤。顛沛吳江渚,投依楚山樊。脩水抱蒼嶺,劍氣埋雲根。翛然竹林下,乃有幽人存。神交跡兩忘,高風嫋孤幡。慰我念友心,方外得所敦。空寂湛禪悦,中有詩清溫[3]。我亦忘世者,早窺治亂源。忠臣泣廟社,志士傷丘園[4]。欲持一寸膠,往澄九河渾。晚知未得力,緇經委空言。迨比從君遊,始脱百憂繁。五君與六逸,歲久名方尊。他日竹庵東,更開支許軒。(《梁溪先生文集》卷 28)

翰艤舟大藤峽口武陵使至忽奉福唐珍牘附以古風招隱攬之欣聳有會初心而分閫之命下已久矣詠歎不已復次舊韻用寄惓惓冀一觀省

避兵窮嶺海,我豈文休孫。慨彼鳴鳳郊,化為逐鹿原。北吹戰塵腥,南接瘴霧昏。森然一彗孛,敢近六龍暾。轉舟大藤峽,脱死鱷與黿。纜裊蒼崖樹,落日銜未吞。忽得素書尺,若闞黄裳坤。招我以隱淪,雉澤遺塵

---

① "丘壑",原作"邱壑",據文淵閣本《梁谿集》卷 28 改。

② "逍遙",文淵閣本《梁谿集》卷 23 作"超遙"。

③ "清",原作"酒",據傅校改。

④ "丘",原作"邱",據文淵閣本《梁谿集》卷 28 改。

樊。游心太易初，攗逐萬化根。耿光百世後，樂此不亡存。寧知虎符下，擁公萬旌幡。英威祖豫州，非心折王敦。從容謝東山，逆氣沮桓溫。自昔國其國，治忽信有源。豈容社稷鎮，端老孤獨園。至人心淑清，一為斯世渾[①]。胡騎却長嘯，晉史徒清言。武侯揮白羽，亦有軍務繁。要封鯨鯢觀，復睹宸極尊。功成去冥冥，與我俱鴻軒。（《梁溪先生文集》卷30）

辛亥三月繫舟瀟湘得邵武柳州二丞相正月初書撫事感懷寄此長句

回鴈峯南楚越分，瀟湘煙水思離羣。林寒欲暗它江浦，月出先明半嶺雲。客子無歸迷世路，故人不見隔兵氛。春風恐寄相思字，[②] 冦鄧經綸早晚聞。（《梁溪先生文集》卷30）

◈ 表

謝除中書舍人改賜章服表

臣某言：伏奉告命，除臣試中書舍人仍改賜章服者，合官授政，迄媿茂明。禁振代言，遽叨妙簡。省循若失，遜避弗容。臣中謝。竊以雷風動而鼓舞之化行，虎豹變而炳蔚之文著。故號令有以相天工之造，而辭章可以觀世道之隆。永懷虞、夏、商、周之傳，聲光無盡；亦維典、謨、訓、誥之制，發揮有功。矧聖神之有為，撫豐崇而在御。非宏通之學，孰知帝制之宜；非鴻麗之文，不稱王言之大。能章治象，必有時材。而臣素業久懷

① “世”，傅校：一作民。
② “恐”，文淵閣本《梁谿集》卷30作“空”。

於簿書之間，盛氣復摧於衰病之後。豈能發為華采，有以副此甄陞。踽踽涼涼，亦綴近班之列；臯臯琄琄，難逃竊位之譏。横被寵靈，莫知報塞。此蓋伏遇皇帝陛下，成能天縱，盛德日新。都俞之言誦于天下，易簡之畫通于神明。知羣臣莫望於清光，俾一介兼容於洪覆。故兹辭命，猥屬凡庸。臣敢不稍緝廢忘，勉承眷獎。引分知止，顧已隕於初心；刻意思忠，誓不愆於晚節。（［明］解縉等：《永樂大典》卷19792，北京：中華書局影印本，1986）

奏疏

劾孟昌齡父子疏[①]

伏見保和殿大學士孟昌齡、延康殿學士孟揚、龍圖閣直學士孟揆，父子相繼領水衡職二十年，過惡山積。妄設隄防之功，[②] 多張梢樁之數，[③] 窮竭民力，[④] 聚斂金錢，[⑤] 藉以為資，[⑥] 結交權要，内侍王仍為心腹奥主，超取名位[⑦]，不知紀極。察其才識，僅齒奴隸，而父視政府[⑧]，子冠從班，殃民辱國，孰不憤惋！大河［浮］橋歲一造舟，[⑨] 京西之民，猶憚其役。而昌齡首建三山之策，回大河之勢，頓取百年浮橋之費，僅為數歲行路之觀。

---

① 題為點校者所加。

② “設”，《宋史》卷93《河渠志》同，《靖康要錄》（文淵閣本、文津閣本）卷2作“談”。

③ “梢”，原作“稍”，據《靖康要錄》（文淵閣本、文津閣本）卷2改。

④ “窮竭”，原作“窮極”，據《靖康要錄》（文淵閣本、文津閣本）卷2、《宋史》卷93《河渠志》改。

⑤ “金錢”，《靖康要錄》（文淵閣本、文津閣本）卷2同，《宋史》卷93《河渠志》作“金帛”。

⑥ “藉”，原作“籍”，據《靖康要錄》（文淵閣本、文津閣本）卷2改。

⑦ “超取”，《靖康要錄》（文淵閣本、文津閣本）卷2同，《宋史》卷93《河渠志》作“超付”。

⑧ “父視”，原作“父親”，據《靖康要錄》（文淵閣本、文津閣本）卷2改。

⑨ “浮”字原無，據《宋史》卷93《河渠志》補。

漂沒生靈，無慮萬計，近輔郡縣，蕭然殘破。所辟官吏，計金敘績。遷官進秩，自為朝廷。富商大賈，争注名牒。身不在公，遙分爵賞。每一興役，無數濫賞①，省部、御史，莫得鈎考②。陛下方將澄清朝著，[建立事功]③，不先誅竄昌齡父子，無以昭示天下。伏望籍其奸贓，以正典刑。（《靖康要錄》卷 3，靖康元年二月二十六日，十萬卷樓叢書本；參校《靖康要錄》[影印文淵閣四庫全書本、影印文津閣四庫全書本]、《宋史》[北京：中華書局點校本，1977] 卷 93《河渠志》）

再劾孟昌齡父子疏④

昌齡等父子世濟其奸，根據朝廷，事連宫禁，盗大河之調度以副私藏，朘生民之脂膏以易官爵，為國結怨，俾天降殃。今幸暴其惡，釋勿深誅，尚使領職，則是既得盗跖，辱以蒲鞭而還之東陸也，何足以懲之？昌齡為銀青光禄大夫，揚與揆亦皆光禄大夫，秩在翰林承旨、學士之上，雖云褫職，猶不褫也。陛下亦何愛于一羣醜而不賜施行？（《靖康要錄》卷 3，十萬卷樓叢書本）

乞誅朱勔父子疏

恭覩陛下自膺受大位，獨奮乾剛，誅流奸凶，四方之人，莫不鼓舞。獨朱勔父子未就殲夷，士論猶鬱。勔肆奸惡踰二十年，専以奇技淫巧熒惑

---

① “無數濫賞”，《靖康要錄》（文淵閣本、文津閣本）卷 2 同，《宋史》卷 93《河渠志》作“乾沒無數”。

② “莫得”，《靖康要錄》（文淵閣本、文津閣本）卷 2 同，《宋史》卷 93《河渠志》作“莫能”。

③ “建立事功”四字原無，據《宋史》卷 93《河渠志》補。

④ 題為點校者所加。

朝廷，花石之供，毒流海宇，竭百姓膏血，罄州縣帑藏。一門之内，建節、正任；厮役、媚親，悉補官爵，權傾中外，濁亂朝政。名為應奉御前，其實般入私室。錢穀出入，不許驅磨。計其奸贓，擢髪莫數。

臣近嘗論奏，方今兵興之際，上下匱乏，宜修理財之政，當自東南始。雖諸局支用難以稽察，而有司帳籍尚可驅磨。欲望陛下擇有風力清強官，就兩浙近便處置司，追攝勔父子並其姪汝翼、汝賢等，及自來專一應付，嘗為監司、守令，力能刻剥生民，助其凶焰，除徐鑄、王汝明、蔣彝已死亡外，今前發運使盧宗原、陸寘，前兩浙提刑王仲閎、胡邃，前兩浙提舉常平趙霖，前知平江府應安道，通判陸寀、許操，司録周杞，前知常熟縣宋晦，前知華亭縣黄昌衡，淮南運使俞膶，前知秀州周審言，并諸司人吏已未出職，並乞勾赴所司，一就勾勘根磨自來應付過錢物，計其家資，盡行籍沒。内有百姓田元係強奪侵占者，據契撥還。

勔父子罪惡滔天，非正典刑，戮之藁街，不足以紓東南士民怨憤之氣。上項官吏各具罪犯，取旨黜責施行。(《靖康要錄》卷3，靖康元年三月十八日，影印文津閣四庫全書本)

上言經國六事疏

臣愚伏被詔旨，除已具劄子陳衰疾不勝事任外，方此國步艱虞，臣竊懷欲有陳，而事有理，須朝夕上達，少緩則已後時不暇為者。臣輙先具畫一以聞：

一、自崇寧以来，天下之士以謂非姦佞貪黷不進，非軟熟趣和不容。故凡為時所崇獎至大吏者，鮮有可用之才。今不得已，則當擢小吏而用之。准使虜法，借以官資，使攝郡府，竢有功効而正除之。則人人磨厲，思自奮起，此賢於前日全軀保妻子之臣，寵禄已過，如飽肉之鷹，不復鷙擊者，不翅百倍矣。

一、今軍政久壞，士卒難恃。宜使郡縣什伍其民而教之戰，使自保疆，緩急亦可調發以赴難。河東、河北與瀕大河帥臣，皆使得擅一方之賦，便宜從事，以足兵食。昔唐李抱真節制澤路，以賞罰激勵其民，得卒二萬，遂雄山東，是時稱昭義兵為諸道冠。今使諸帥各放其法，則天下皆昭義兵矣。然昭義法，計丁擇人，蠲其徭租，農隙習射，歲終大校，此可持久而難以應卒。今寇難乃在數月之内，必欲令下而衆集事濟者，則諸縣皆有一鄉之豪傑，使守令躬親訪問召見，喻以忠義寵錫之榮，示以寇攘屠戮之害，借一進武義副尉等官，使各募少壯樂為用者[①]，得分總之。縣得三四豪傑，則封内勁果忠固，有用之人可盡出矣。此其取効易且速，蓋一時之利也。如昭義之政脩，則効亦不過二三歲間，可以兼行而持久者，雖至平世不可易也。臣頃亟為淵聖言禦寇之務要在邊境，使邊境不禦而寇入腹心，則人情震擾，士氣沮壞，驅而與戰，百不當一。故祖宗以来，恃邊備不恃都城。又聞祖宗之時，邊臣如郭進、李漢超等皆數十年不易，委任而責成功。而去年諸州至有三易守者，邊帥無不紛紛變更，臣數争之而不能得。今守帥凡宜於民兵者，願著憲令勿復動移，增秩賜金，以厲勳績，而後民兵可用，疆域可保，邊境可强也。

一、臣去歲道過泗上，見歸朝官張企肅言：願得燕人三百，質其家屬，給馬，資金，由登、莱海道潛入燕境，號召鄉黨，與叛女真，必有大功。亦聞已甞有人以其策告宰相唐恪，恪大笑之。比有族人自拱陷賊脱歸者，陰得契丹、燕人之情，見其怨憤金賊，欲食其肉。臣以是知虜之可離也。契丹燕雲之地，本非國家所有。若使燕人遂往，得地因以封其人，遇財因以賞其士[②]，則金賊支解，疾入腹心，必不能久為中國患矣。

一、臣考秦漢以来，用兵之變，能覆堅敵者，皆合衆弱以為强，如燕昭之破齊、漢高之取楚是也。今金賊既取契丹，遂亂中國，其勢必将加兵隣壤，如西夏、高麗大小胡虜等，皆有凛凛狼顧之意。臣甞建欲棄陝西進築無用之地以與西夏，增其歲賜，與之解怨，申結舊恩，使一辯士説之，

① 募，原作“慕”，據文淵閣本、文津閣本《歷代名臣奏議》改。

② 因以，原作“回以”，據文淵閣本、文津閣本《歷代名臣奏議》改。

可使出兵以攻雲中。又使人結高麗大小胡虜、諸小夷等，與之立契丹後，則金賊坐見分裂，中國将得休息矣。按唐遭禄山之變，肅宗起靈武，引回紇之兵以復兩京。今但使之擾賊巢穴，其利百倍於唐也。

一、河朔、山東近甸郡縣皆易野用車之地，可以教民車戰。昔者元魏謂劉裕兵畏其鐵騎衝突，以鐵鏁連車為函陣。又趙元昊反時，國家亦甞用車有功。今金賊無他長技，所恃惟鐵騎耳。禦騎用車，古今所同，而我師每憚其重遲勞費，迄莫肯用。宜詔有司講明其法而督教之。

一、遷都有經久之制，行幸有促辦之功，二者異宜。今若近責歲月之利，宜令金陵帥臣集海船，教水戰，儲積廩庾，待或行幸而已，其它一切營繕力役，皆宜且止，存撫休息，以固民心，以建國本，此大務也。今雖已有詔旨戒告，勿使勞民，然若非一切罷去之，則恐勞民之戒，殆為虛文。昔唐太宗脩洛陽乾陽殿以待巡幸，張元素諫之，以為勞民不可，即罷其役，曰："使後必往，雖露坐庸何傷?"況如今之艱虞，正宜貶損過中，乃能下感人心，上格天意。凡是府廷、官寺，粗飭圮壞，則皆可以息鑾駕而張黼扆，使遠人皆知陛下盛德，所以師象陶唐茅茨土堦之意。天下幸甚。

右，臣度金賊擾邊之期，不過旬月。若使小失支吾，必至又復深入。伏望聖慈下臣之言於大臣，或有可採擇，則願詔速施行，庶幾及事。謹録奏聞，伏候勑旨。（［明］黄淮、楊士奇：《歷代名臣奏議》卷 84《經國》，上海：上海古籍出版社影印明永樂本，1989，参校影印文淵閣本、文津閣本《歷代名臣奏議》）

論武備疏①

臣伏見國家武備久弛，盜賊横行不忌，雖有軍旅，驕惰難用，非一新之，無以禦捍。臣愚願詔郡縣什伍其民，家富者出財，人衆者出力。城郭

---

① 題目為點校者所加。

之民使自守其城郭，田野之甿使自衛其田野。城郭分坊以保門，田野分鄉以保境。拔其豪傑，使之部勒。私務之隙，教以武事，家識金鼓進退之節，人能弓矢擊刺之技，小寇之至，則可糸錯以捍禦；大盜之入，則得會合以擊逐。藝進則郡縣旌之以金帛，功立則朝廷勸之以爵位。如此，天下凛然皆為長城之固矣。立法天下，嚴其誅賞，使凡寇至無敢不救，縣破則責州，州破則責帥，隣路近州不能應援，亦皆有責，必行無赦。宣王之詩所謂“有常德以立武事”者，謂其能使天下必信如此故也。（《歷代名臣奏議》卷222《兵制》）

序跋

跋太玄後

世不睹《太玄》之真久矣，此書今獨某有。兵興以來，携持轉側於驚濤烈焰、鋒鏑寇攘之間，幾亡者數矣。而卒得鑱刻以傳世，豈非神明之書，有物衛之也哉？猶懼變故難保，故屬長老栖公附諸百丈經藏，以竢亂定，學者虛己焉。（《永樂大典》卷4940）

法帖刊誤跋

余待罪天禄，與觀中祕古蹟石刻所本，其真易識，蓋了然知其僞者十九，而後乃知黄子之作此書，拔賞者寡而掊擊者多，故有以也。書之考引載籍，則昭昭矣，至其洞察真贋，品藻高下，水墨之間，毫釐千里，則非書家者流心知其意，未易不惑。余是以道余所見於天禄者，使世知其論刺之嚴如此，皆不妄也。政和五年三月中澣，襄陵許翰崧老跋。（［宋］黄伯思《東觀餘論》卷上，《全宋筆記》第三編第四冊，鄭州：大象出版社點校

本，2008；参校［清］陸心源：《皕宋樓藏書志》卷 37，清光緒八年十萬卷樓刻本）

◈ 記文

黄伯思争首鼎記

昔長睿父博學好古，頗得三代之遺器。其鼎文有上下畫一而中重三者，長睿父識之曰："此争首也。蓋著飲食有訟之成。"然則八十一首與周易準，其已久矣。（［宋］張世南：《游宦紀聞》卷 9，北京：中華書局點校本，1981）

古太玄記

初予與長睿父見古《太玄》於中秘書，長睿父手録藏之。明年，予復求之，則本已亡。長睿父以其所録借予而卒。予既作傳，藏長睿父書襄陵，竢見其子弟歸之。會狄難起，城陷，而翰所傳《玄經》與凡論次《周易》、《春秋》、《論語》、《法言》，以先附便舟適免。故古《太玄》，今獨予有。逮渡江留建業，一夕兵變火作，鬱攸被予舍望，予戟決藩籬遯去。自悼死生未測，而書知亡矣。然亂定，使人視之，則居以反風不焚。諸物席卷無遺，而書獨存，是歲建炎初元也。未幾，被召行在，以書屬家人而行。家入九江，復遇冦，而予舟焚儀真，攜書盡亡。獨《太玄》等，以家人奉之力，又免。去歲，客分寧，邑人得予書刻之，未卒，而豫章陷，負書奔瀏陽。值亂兵入，盡棄其裝，以書夜度大光保平江。月餘，狄陷岳陽，游騎至平江，復以書還分寧，刻書乃成，尚念世紛之未艾也。故屬長老清公，藏諸黄龍經藏。因念經之幾絶而僅存，艱虞若此。使學者知斯文之不墜，蓋有天助；而哀予顛沛流離萬里，保有之難也，而共振顯之。天人之際，精感神昭，則必有和同無間，而福禄不量者矣。宋建炎四年秋，洞霄隱吏許翰記。（《游宦紀聞》卷 9）

還書已領帖

翰承還書已領。此書初録不無謬誤，此中有士人已爲刻版，須成當馳寄也。喻索《玄》、《易》，以副本未暇校讎，未可以法，或有書史，它時可遣就録，盖《玄》、《易》各十餘萬言，恐亦未易乎！録示《横渠易》，於象數時時獨至，其於辭義亦猶法家也。此道翳伏久矣，吾子若遂究心，它日當自知之，誠未易言言。訓故二書，亦粗領略大旨，吾子其更深考，不与心會勿止也。頃得京房易傳，不暇詳讀，而遭離兵火，已再亡之，恐有本，它時幸暫暇傳録。歷數大法，在中不可無耳。相望示熹，款叙□卜，眷念不忘，幸時通問。翰再上。（《鳳墅帖》續帖卷 4）

畫韓蘇像

右文殿脩撰孫宗鑑，平生常自言："三朝德業，吾尊韓忠獻。四海文章，吾慕蘇東坡。"皆畫其像，事之私室。（《永樂大典》卷 18223）

樞密資政許公翰祭文

故祕書學士黄公長睿父之靈，嗚呼！山川之秀，草木之英。流天地閒，清微淑明。子獨遇之，撫躬以生。超于沈濁，神其氣形。庸眾之稟，麤穢悍堅。不少取此，寧速隕零。嗚呼哀哉！龜圖鳥策，傳載多方。汲塜之閟，禹穴之藏。人涉其流，隨得隨忘。子容若虛，應扣琅琅。含咀英華，發為文章。與古為侔，非今所臧。秦生小篆，史蹟既亡。誰其考之，匪籀與蒼。夏鼎周鼓，鐘鎛彝觴。雲雷繆文，有銘其旁。剥劘莓苔，發其光芒。顧邈冰斯，往慕鴻荒。回其筆勢，與時彷徉。有隸有正，有章有行。為無不能，鵠立鸞翔。兼資數器，一世靡亢。取名既多，躬反不昌。嗚呼哀哉！子之掾洛，我往受縣。定交之素，得於未見。我來在朝，莫識其面。子力我譚，公卿異觀。接武石渠，羣英絢練。視子所厚，莫如我睠。孰云天禍，若水之洊。弔子於廬，三年我遠。逮茲嘉服，來適往願。臥疾幾時，作此奇變。音容俛仰，一絕如電。抑哀紬文，侑此薄薦。懷辭欲陳，有淚如霰。嗚呼哀哉，尚饗。（《東觀餘論》卷下）

哀詞

建炎元年八月，翰蒙恩召至睢陽，再俾與政。是時李綱、黃潛善用，[①]汪伯彥、張慤在樞府。翰察綱必為諸人所危，自度不可以留，辭位甚力[②]，章奏累上[③]。而綱得罪，翰因獨留，祈去，力陳："綱之忠義英發，方今非綱無可與共建中興之業者，廢綱而留臣，徒無益也。"上未納而持之，故伯彥、慤相繼留，為上議。[④] 及綱罷相，翰猶綴班列奏事。一夕，見潛善獨留甚久。翌日，上顧潛善曰："昨夕二人已處之矣。"因泛言："歐陽澈書論朕宮禁寵樂，惡有此事。陳東書欲必留李綱，歸曲朝廷。"翰茫然，初不知其端也。既罷朝，問潛善："上所處者何人？"曰："即後所指陳東、歐陽澈也。""處之如何，豈已逐之耶？"曰："斬之矣。"翰驚失色，潛善乃曰：

---

① "用"，《宋陳少陽先生文集》卷 8、《少陽集》卷 8 無。

② "甚力"，《宋陳少陽先生文集》卷 8、《少陽集》卷 8 作"甚切"。

③ "奏"，《宋陳少陽先生文集》卷 8、《少陽集》卷 8 作"方"。

④ "相繼留為上議"，原作"相繼為上位留"，據《宋陳少陽先生文集》卷 8、《少陽集》卷 8 改，文津閣本《歐陽修撰集》作"相繼留為上泣"。

“今日方將論救，已不及矣。”因究其書何以不下政府，曰：“獨下潛善，故不得以相視[①]。”是時伯彥、慤皆不復問其本末，盖素與聞者。伯彥等俱稱歎主上威神睿斷，而潛善至堂，見應天尹孟庾白事，獨詰何以不關政府而斬東等，微示愠色。盖潛善前留本定此議，惡專其惡，故反推而遠之也。

翰歸，謂所親曰：“吾與陳東皆爭綱者，豈有一人斬首都市，一人安跡廟堂者哉！上不早聽使去諸人，將復東、澈我矣[②]。”乃辭以同列事不與聞，[③] 章上，卒以罷去。然世多擬此二人者言大犯干，故取禍深。[④]

紹興三年，始見東書於湖湘，一書論李綱之用傅亮、張所未有過失，不當請去[⑤]，而方為汪伯彥、黄潛善所排抵。二書請上大明誅賞，前日諸將提兵顧望，不救都城，非大元帥心，宜正其罪，而下親征之詔，揚厲威武，期還兩宫，保據中原，無為渡江之計，金陵之名猶栢人也，不可不思。三書言李綱謫去則朝廷必不能行前所陳，因深論剌汪、黄之奸必敗國事[⑥]，願速去之，至屬上躬優游不迫也。則知東所以死，坐咈大臣，非天子意，潛善等盖慮天子謂其以詆己故殺東，故因歐陽澈書攻及上躬而并殺之，以盖其私，且謂是皆讒誣無根，均不足信。嗚呼！其可謂周於謀己而輕殺士矣。

渡江之後，天子感悟，下詔［褒贈］、追録二人之忠[⑦]，令各官其子而厚撫其家。顧當［日］奸臣誤國之曲折，[⑧] 世或不究知也，則仁聖之本心未明，故删取東書大指如此而繫以哀詞，使後之人有攷[⑨]。詞曰：

---

① “相視”，《宋陳少陽先生文集》卷 8 作“相示”。

② “我”字前，《宋陳少陽先生文集》卷 8、《少陽集》卷 8 多一“處”字。

③ “與”，《宋陳少陽先生文集》卷 8、《少陽集》卷 8 作“預”。

④ “言大犯干故取禍深”，《宋陳少陽先生文集》卷 8、《少陽集》卷 8 作“言太切直嬰鱗犯上故深祇之”。

⑤ “請去”，《宋陳少陽先生文集》卷 8、《少陽集》卷 8 作“謫去”。

⑥ “之奸”，文津閣本《歐陽修撰集》、《少陽集》卷 8 同，《宋陳少陽先生文集》卷 8 作“二奸”。

⑦ “褒贈”二字原無，據《宋陳少陽先生文集》卷 8、《少陽集》卷 8 補。

⑧ “當日”，“日”字原無，據文津閣本《歐陽修撰集》補，《宋陳少陽先生文集》卷 8、《少陽集》卷 8 作“當時”。

⑨ “有攷”，《宋陳少陽先生文集》卷 8、《少陽集》卷 8 同，文津閣本《歐陽修撰集》作“知之”。

紛衮繡兮迷國，俾韋布兮憂時。忠未諒兮讒興，言方發兮身夷。胡之塵兮飛揚，① 蒙兩宫兮北之。廟祏震兮憑怒，社鬼哭兮悽悲。委墜緒兮嗣聖，基天命兮遺黎。何鄙夫兮間此，盗威福兮逆施。惟寵利兮是圖，遑卹國步兮安危。慘一朝兮曷故，殘二士兮不疑。使賢徂兮智伏，世體解兮心離。謂圍城兮伏闕，幾變故兮弗支。不及今兮誅鋤，將復鼓衆兮為奇。乘新造兮易惕，寧一忍兮衆是。宜嗟仁聖兮本心，豈翳諫兮縱非。當箝鍵兮挈挈，使寶慈兮傾移。知名惡兮委遠，云聖斷兮若斯。彼蒼蒼兮匪天，乃詭誕兮敢欺。臣則作慝兮君蒙毁，陰機杳兮莫闚。後執簡兮何人，尚有攷兮予辭②。（［宋］歐陽澈：《歐陽修撰集》卷 7，影印文淵閣四庫全書本；參校影印文津閣四庫全書本《歐陽修撰集》、［宋］陳東：《宋陳少陽先生文集》［《宋集珍本叢刊》第 39 册影印傅增湘校明刊本］、《少陽集》［影印文津閣四庫全書本］）

《襄陵春秋集傳》輯佚

1. 舍堂堂之讎國弗圖，而伐於餘丘。莊二年夏，公子慶父帥師伐於餘丘。

2. 禮防一弛，復起越竟之恣，而遂成如莒之姦。莊十五年夏，夫人姜氏如齊。

3. 中國諸侯宋為大。既為之服郳，又為之報鄭，宋自是與齊為一。宋親，而中國諸侯定矣。莊十六年夏，宋人、齊人、衛人伐鄭。

4. 公之事齊後于諸侯，又受鄭詹未討，齊、宋在鄄，將以陳人伐我，而結知之，故權國重而與之盟，示我下之以禮。齊、宋以公子之盟，未足以結成也，故卒來伐而取服焉。莊十九年冬，齊人、宋人、陳人伐我西鄙。

5. 戎自春秋之初即見，荆乃後起，故攘中國之患，宜莫戎先。齊桓既霸七年，諸侯略定，自是始伐戎。莊二十年冬，齊人伐戎。

① “胡”，原作“邊”，據《宋陳少陽先生文集》卷 8 改。“飛揚”，《宋陳少陽先生文集》卷 8、《少陽集》卷 8 作“孔揚”。

② “尚有攷兮予辭”后，文津閣本《歐陽修撰集》多“襄陵許翰撰”。

6. 隠、桓以来，世有戎盟，至于莊公，戎始變渝，是以有濟西之役。於此伐戎，義已勝矣。莊二十六年春，公伐戎。

7. 許以近楚，自齊之霸，未會諸侯，故鄭侵之。蓋自是後，許從中國矣。莊二十九年夏，鄭人侵許。

8. 齊桓伐郳，伐鄭，伐徐，皆以宋主兵；先與公會城濮，而後伐衛，又與公遇於魯濟，而後伐戎。其用兵，資武于宋武，而取策于魯莊；其治國，一則仲父，二則仲父，遂能力正天下，澤濟生民。莊三十年冬，公及齊侯遇於魯濟。齊人伐山戎。

9. 《春秋》戎先見，荆次之，狄又次之；而荆暴于戎，狄又暴于荆。當惠王世，戎、狄、荆楚交伐諸夏，使無齊桓攘服定之，豈復有中國哉！莊三十二年冬，狄伐邢。

10. 晉恃強，不與齊合，見以狄得侮之。僖八年夏，狄伐晉。

11. 桓政始衰，自楚伐黄不救，則敵有以量中國矣。僖十三年春，狄侵衛。

12. 恒星不見，星隕如雨，齊桓之祥也。沙鹿崩，晉文之祥也。桓將興而天文隳，文欲作而地理決，王道之革也。僖十四年秋八月辛卯，沙鹿崩。

13. 中國無霸，則諸侯力攻、四夷衡決，民被其災。此書伐衛、伐邢、入滑、伐隨、侵衛者，著無霸之急也。僖二十一年春，狄侵衛。

14. 齊桓既没，諸侯思之，如周人之思召伯也。孝公不能藉之以興，觀其閒楚人之勝以圍宋襄，又侵伐魯僖不已，與桓公下宋桓、魯莊之意正相反，霸業所以隳矣。僖二十七年夏六月庚寅，齊侯昭卒。

15. 狄自箕之敗，至是始復侵齊閒晉，有秦、楚之難也。文四年，狄侵齊。

16. 諸侯何以不序？大夫何以不名？大夫而主諸侯盟，自扈之會始也。文七年秋八月，公會諸侯、晉大夫，盟于扈。

17. 楚侵其南，狄侵其北，此中國《大過》‘棟撓’之時也。宣三年秋，赤狄侵齊。

18. 當景之世，楚莊入陳，圍鄭，圍宋，敗晉於邲，中國大絀，徒從事赤狄潞氏。迨楚莊没，始得為鞌之役以服齊，僅不失霸。成十年，晉侯獳卒。

19. 楚人侵宋，攻晉所救，而諸侯之師卒不為動，則有以量楚力之所至矣。襄元年秋，楚公子壬夫帥師侵宋。

20. 晋、楚爭衡，權之在吴，故晋急吴如此。襄五年，仲孫蔑、衛孫林父會吳於善道。

21. 涉楚會吳，而因道以滅人之國。中國之禮義盡矣，何以昭格荒服?襄十年春，會吳於柤。夏五月申午，遂滅偪陽。

22. 晉始息民，是以楚侵宋不報，魯取邿不討，取無大亂而已。襄十三年夏，取邿。

23. 不盟於國，而盟於劉，崇向戌也，公弱甚矣。襄十五年春，宋使向戌來聘。二月己亥，及向戌盟于劉。

24. 比年食，今又比月食，蓋自是八年之閒而日七食，禍變重矣。襄二十一年九月庚戌朔，日有食之。冬十月庚辰朔，日有食之。

25. 夷儀之會，以水不克伐齊，則知水之所被者廣，非特魯之災也。襄二十四年秋，大水。

26. 自宣十九年仲孫蔑如京師，其後五十餘年，始有叔孫豹如京師。以罕書也，自是不復聘王矣。冬，叔孫豹如京師。

27. 亂世逐爭，奇變滋起，兵車重遲，寖廢兆此。昭元年夏，晉荀吳帥師敗狄於大鹵。

28. 楚既滅陳，威震諸夏，故無所號召，而諸國之大夫自往會之。昭九年春，叔弓會楚子於陳。

29. 遣使請命，示之不能，使楚益驕，此韓起之罪也。昭十一年秋，季孫意如會晉韓起、齊國弱、宋華亥、衛北宮佗、鄭罕虎、曹人、杞人於厥慭。

30. 凡書蒐，刺大夫強而公失其政。昭二十二年春，大蒐於昌間。

31. 東夏諸侯，惟魯事晉，故齊伐之。然則齊不自量，欲諸侯前日之事晉者皆事齊，以繼霸業也。定八年夏，齊國夏帥師伐我西鄙。

32. 齊、宋、魯、衛崇獎亂逆，大義去矣。定十四年夏，公會齊侯、衛侯於牽，公至自會。秋，齊侯、宋公會於洮。

33. 晉受衆伐，霸統止矣。《春秋》之變，至是而窮。哀元年秋，齊侯、衛侯伐晉。

34. 必奔國、高，而後陳乞弒君之謀得肆。哀六年夏，齊國夏及高張來奔。

35. 以魯政之不修而與吳親。君子知魯之將有吳患矣。叔還會吳王於柤。

36. 先王之法，九夫為井，四井為邑，井邑未有賦也。四邑為丘，丘十六井，乃有牛馬之賦。今以丘賦為不足，於是更用田賦，籍井而取之，不待及丘，此非禮也。蓋古者田有稅，丘有賦。稅以足食，賦以足兵。哀十二年春，用田賦。

37. 師雖數出，能侵而已，益玩而頓矣。此王霸道盡之時。哀十三年秋，晉魏曼多帥師侵衛。（［清］王梓材、馮雲濠編撰：《宋元學案補遺》卷45《范許諸儒學案補遺·梁溪講友·補許先生翰》，北京：人民出版社點校本，2012）

附錄一　傳記資料

林泉野記・許翰傳

許翰字崧老，洪州進士中第。宣和中為給事中，言高麗入貢奢侈之事，出知亳州，後提舉杭州洞霄宮。靖康初，以李綱薦召為御史中丞，言蔡京、童貫、蔡攸皆坐責，俄同知樞密院。金人邀求三鎮，翰言："三鎮棄則京師不可都，而天下危，不宜許。"仍薦种師道宿將可用，又請誅蔡京、童貫、王黼、朱勔、楊戩、李邦彥、孟昌齡等家族，并治門生、黨與，上不允。翰嘗督姚古、种師中兵進解太原之圍，及李綱黜，并翰罷。建炎初，綱入相，復薦尚書右丞①。綱解機務，翰以資政學士、提舉洞霄宮，累官通議大夫。紹興三年，② 卒。（[宋] 徐夢莘：《三朝北盟會編》卷113，上海：上海古籍出版社影印許涵度刻本，2008）

宋史・許翰傳

許翰，字崧老，拱州襄邑人。中元祐三年進士第。宣和七年，召為給事中。為書抵時相，謂百姓困弊，起為盜賊，天下有危亡之憂。願罷雲中之師，修邊保境，與民休息。高麗入貢，調民開運河，民間騷然。中書舍人孫傅論高麗於國無功，不宜興大役，傅坐罷。翰謂傅不當黜，時相怒，落職，提舉江州太平觀。

靖康初，復以給事中召。時金人攻京師甫退，翰造闕，即日賜對，除翰林學士，尋改御史中丞。上疏言邊事，因陳決勝之策。張邦昌為太宰，翰上疏力爭之。种師道罷為中太一宮使，翰言："師道名將，沉毅有謀，山

① "尚書右丞"，原作"尚書左丞"，據《宋史》本傳、《要錄》卷7、《宋宰輔編年錄》卷14改。

② "三年"，原作"三十年"，據《宋史》本傳改。

西士卒，人人信服，不可使解兵柄。”欽宗謂其老難用，翰曰：“秦始皇老王翦而用李信，兵辱於楚；漢宣帝老趙充國，而卒能成金城之功。自呂望以來，用老將收功者，難一二數。以古揆今，師道雖老，可用也。”且謂：“金人此行，存亡所係，令一大創，使失利去，則中原可保，四夷可服。不然，將來再舉，必有不救之憂。宜起師道邀擊之。”上不能用。擢中大夫、同知樞密院，論益不合，以病去，除延康殿學士、知亳州。坐言者落職，提舉南京鴻慶宮。

高宗即位，用李綱薦，召復延康殿學士。既至，拜尚書右丞兼權門下侍郎。時建炎大變之後，河北、山東大盜李成、孔彥舟等，聚眾各數十萬，皆以勤王為名，願得張所為帥。所為御史，嘗論黃潛善姦邪不可用，由此得罪。李綱為相，乃以所為河北等路招撫使，率成等眾渡河，號召諸路，為興復計。潛善力沮之。宗澤論車駕不宜南幸，宜還京師，且詆潛善等。潛善等請罷澤，翰極論以為不可。李綱罷，翰言：“綱忠義英發，捨之無以佐中興，今罷綱，臣留無益。”力求去，高宗未許。時潛善奏誅陳東，翰謂所親曰：“吾與東，皆爭李綱者。東戮東市，吾在廟堂可乎?”求去益力，章八上，以資政殿大學士提舉洞霄宮。復以言者落職。

紹興元年，召復端明殿學士、提舉萬壽觀，辭不至。二月，復資政殿學士。三年五月，卒，贈光祿大夫。

翰通經術，正直不撓，歷事三朝，致位政府，徒以黼、攸、潛善輩薰蕕異味，橫遭口語，志卒不展。綱雖力引之，不旋踵去，翰亦斥逐而死。所著書有《論語解》、《春秋傳》。（［元］脫脫：《宋史》卷363，北京：中華書局點校本，1977）

史質·許翰傳

許翰，字崧老，襄邑人。靖康初，上疏言邊事，陳決勝之策。復薦种師道名將，不可使解兵柄。上不能用，以病去。

高宗即位，李綱薦，復召用。綱罷，翰八上章求退。

翰通經術，歷事三朝，致位政府。時攸、黼同，志卒不展。所著書《論語解》、《春秋傳》。① （［明］王洙：《史質》二十五，臺北：大化書局影印明嘉靖刻本，1977）

宋史新編·許翰傳

許翰，字崧老，襄邑人。登進士第。宣和中為給事中。為書抵時相，謂百姓困弊，起為盜賊，天下有危亡之憂。願罷雲中之師，脩邊保境，與民休息。高麗入貢，調民開運河，民間騷然。中書舍人孫傅論高麗於國無功，不宜興大役，傅坐罷。翰謂傅不當黜，時相怒，落職，奉祠。

欽宗即位，復以給事中召。時金人攻京師甫退，翰造闕，即日賜對，除翰林學士，尋改御史中丞。上疏言邊事，因陳決勝之策。張邦昌為太宰，翰上疏力爭之。种師道罷，翰言："師道名將，不可使解兵柄。"欽宗謂其老難用，翰曰："自呂望以來，用老將收功者，難一二數。師道雖老，可用也。"且謂："金人此行，存亡所係，令一大創，使失利去，則中原可保。不然，將來再舉，必有不救之憂。宜起師道邀擊之。"上不能用。擢中大夫、同知樞密院，論益不合，以病去，除延康殿學士、知亳州。坐言者落職，奉祠。

高宗即位，用李綱薦，召拜尚書右丞兼權門下侍郎。黃潛善等請罷宗澤，翰極論以為不可。李綱罷，翰言："罷綱，臣留無益。"力求去，高宗未許。會潛善奏誅陳東，翰曰："吾與東，皆爭李綱者。東戮東市，吾在廟堂可乎？"求去益力，章八上，以資政殿大學士提舉洞霄宮。復以言者落職。

紹興初，復端明殿學士。卒，贈光祿大夫。

翰通經術，正直不撓，以與黼、攸、潛善輩迕，志卒不展。所著有

① "論語解"前原衍"一夜論"三字，據《宋史》卷 363《許翰傳》刪。

《論語解》、《春秋傳》。（［明］柯維騏：《宋史新編》卷128，《四庫全書存目叢書》史部第22冊影印明嘉靖刻本，濟南：齊魯書社影印本，1996）

南宋書·許翰傳

許翰，字崧老，襄邑人。宣和中為給事中。以書抵時相，請罷雲中之師，修邊保境，與民休息。高麗入貢，調民開運河，民間騷然。中書舍人孫傅論高麗於國無功，不宜興大役，傅坐罷。翰謂傅不當黜，時相怒，落職，奉祠。

靖康初，復以給事中召，改御史中丞。种師道罷，翰言："師道名將，不可使解兵柄。"欽宗謂其老難用，翰曰："秦始皇老王翦而用李信，兵辱于楚；漢宣帝老趙充國，而卒能成金城之功。今師道雖老，可用也。且金人此行，存亡所係，令一大創去，則中原可保。不然，將來再舉，必有不救之憂。宜起師道邀擊之。"不聽。擢同知樞密院，論益不合，出知亳州。

高宗即位，用李綱薦，召拜尚書右丞。宗澤論車駕不宜南幸，劾黃潛善等。潛善請罷澤，翰極論以為不可。李綱罷，翰言："綱忠義英發，捨之無以佐中興，今罷綱，臣留無益。"力求去。時潛善奏誅陳東，翰謂所親曰："吾與東皆爭李綱者，東戮東市，吾在廟堂可乎？"求去益力，章八上，予祠，復以言者落職。

紹興元年，復資政殿學士，卒。

翰通經術，正直不撓，以薰蕕異味，斥逐而死。所著書有《論語解》、《春秋傳》。（［明］錢士升：《南宋書》卷19，東京：汲古書院影印和刻本，昭和四十八年［1973］）

宋元學案·右丞許崧老先生翰

許翰，字崧老，拱州襄邑人。中元祐進士第。宣和中，召為給事中。為書抵時相，請罷雲中之師。高麗入貢，調民開運河，舍人孫傅論高麗于國無功，不宜興大役，傅坐罷。先生謂傅不當黜，時相怒，落職，提舉江州太平觀。靖康初，復以給事中召。改御史中丞，上疏陳決勝之策。种師道罷，先生言師道名將，沈毅有謀，不可使解兵柄。欽宗謂其老難用，先生曰："秦始皇老王翦而用李信，兵辱于楚。漢宣帝老趙充國，而卒能成金城之功。自呂望以来，用老將收功者難一二數。以古揆今，師道雖老，可用也。"且謂："金人此行，存亡所係，宜起師道邀擊之。"上不能用。擢中大夫，同知樞密院，論益不合，以病去，除延康殿學士、知亳州。高宗即位，以薦召，復延康殿學士，拜尚書右丞，兼權門下侍郎。宗忠簡澤論車駕不宜南幸，且劾黃潛善等，潛善請罷忠簡，先生極論以為不可。李忠定綱罷，先生言："綱忠義英發，舍之無以佐中興。今罷綱，臣留無益。"力求去。時潛善奏誅陳東，先生謂所親曰："吾與東皆爭李綱者。東戮東市，吾在廟堂可乎？"求去益力，章八上，以資政殿大學士提舉洞霄宮，復以言者落職。紹興初，復資政殿學士。卒，贈光祿大夫。先生通經術，正直不撓，歷事三朝，致位政府，忠忱發臆，不脫儒者本色。顧以薰蕕異味，斥逐而死，君子惜之。所著書有《論語解》、《春秋傳》。參史傳。（［清］黃宗羲原著，全祖望補修：《宋元學案》卷45《范許諸儒學案·梁溪講友》，北京：中華書局點校本，1986）

宋史筌·許翰傳

許翰，字崧老，拱州人。元祐三年中進士第。宣和七年歷官給事中。

貽書時相，謂請罷雲中之師，修邊保境，與民休息。高麗入貢，調民開運河，民間騷然。中書舍人孫傅論高麗無功，不宜興大役，傅坐罷。翰謂傅不當黜，忤宰相意，落職。

靖康初，除御史中丞。張邦昌為太宰，翰力爭之。种師道罷為宮使，翰言："師道名將，沈毅有謀，士卒信服，不可解兵柄。"欽宗謂其老難用，翰曰："自呂望以来，老將收功者，非一二。金人此行，若不大創，将来再舉，必有不救之憂。宜起師道邀擊之。"帝不能用。擢同知樞密院事，論益不合，以病去。

高宗立，用李綱薦，召拜尚書右丞。綱以張所為河北招撫使，率李成、孔彦舟等渡河，號召為興復計。所嘗論黃潛善姦邪，以是潛善力沮之。宗澤論車駕不宜南幸，且詆潛善等。潛善復請罷澤，翰極論不可。綱罷相，翰言："捨綱忠義，無以佐中興，今罷綱，臣留無益。"潛善又奏誅陳東，翰曰："吾與東皆爭李綱。而東戮東市，吾在廟堂可乎?"求去益力，以資政殿學士卒。

翰通經術，正直不撓，歷事三朝，致位政府，以異於潛善輩，志卒不展。著《論語解》、《春秋傳》。（［高麗］尊賢閣編：《御定宋史筌》卷 99，奎章閣本）

河南通志

許翰字崧老，襄邑人。元祐間舉進士，累遷翰林學士，改御史中丞。嘗上疏言邊事不用，因謝病去。高宗即位，以李綱薦拜尚書右丞，終資政殿學士，卒贈光禄大夫。翰通經術，正直不撓。歷事三朝，致位政府。議論剴切，然横遭口語，志卒不展。所著有《論語解》、《春秋傳》若干卷。（《河南通志》卷 58《人物二・歸德府》，影印文淵閣四庫全書本）

山西通志

許翰字崧老，拱州襄邑人，一書襄陵人。元祐三年進士。宣和七年，召為給事中，書抵時相，願罷雲中之師。高麗入貢，調民開運河，中書舍人孫傅論之，坐罷。翰謂傅不當黜，時相怒，落職，提舉江州太平觀。靖康初，復以給事中召，除翰林學士，尋改御史中丞。疏言邊事，因陳決勝策；張邦昌為太宰，上疏力爭之；种師道罷為中太一宮使，翰言師道名將，沉毅有謀，山西士卒，人人信服，不可使解兵柄。欽宗謂其老難用，翰曰："秦始皇老王翦而用李信，兵辱於楚；漢宣帝老趙充國，而卒能成金城之功。自吕望以來，用老將收功者難一二數。以古揆今，師道雖老可用也。"且謂："金人此行，令一大創使失利去，則中原可保。不然，將來再舉，必不可救，宜起師道邀擊之。"不能用。擢中大夫、同知樞密院，論益不合，以病去，除延康殿學士、知亳州，落職，提舉南京鴻慶宮。

高宗初，用李綱薦，召，復延康殿學士，拜尚書右丞兼權門下侍郎。時山東大盜李成、孔彦舟等衆各數十萬，皆願得張所為帥，李綱薦所為河北招撫使，黄潛善力沮之。宗澤論車駕宜還京，潛善等請罷澤，翰極論以為不可。李綱罷，翰言："綱忠義英發，捨之無以佐中興。今罷綱，臣留無益。"力求去，未許。時潛善奏戮陳東，翰謂所親曰："吾與東皆爭李綱者，東戮東市，吾在廟堂，可乎?"求去益力，章八上，以資政殿大學士、提舉洞霄宫。復落職。紹興元年，召，復端明殿學士、提舉萬壽觀。二月，復資政殿學士。三年五月，卒，贈光禄大夫。

翰通經術，正直不撓，與黼、攸、潛善輩異，志卒不展。著《論語解》、《春秋傳》。(《山西通志》卷110《人物·平陽府·宋》，影印文淵閣四庫全書本)

附錄二　序跋著録

郡齋讀書志

許右丞《襄陵文集》二十二卷、詩二卷、行狀一卷

右尚書右丞許翰之文也。翰，字崧老，拱之襄邑人。登元祐進士第。建炎初元，自提舉鴻慶宫，召拜右丞，屢章丐罷，除資政、提舉洞霄宫。紹興二年，以提舉萬壽觀召，懇求外祠，又乞致仕，道卒于吉州，贈光禄大夫。行狀中載其章疏為多。（［宋］晁公武：《郡齋讀書志・附志》卷下《别集二》，上海：上海古籍出版社校證本，1990）

遂初堂書目

《許嵩老傳》（［宋］尤袤：《遂初堂書目・春秋類》，叢書集成初編本）

許嵩老《論語訓詁》（《遂初堂書目・論語類》）

許嵩老《法言訓詁》（《遂初堂書目・儒家類》）

直齋書錄解題

《許右丞行狀》一卷。吏部員外郎許忻撰。許公翰字崧老，襄邑人，為尚書右丞。忻其弟也。（［宋］陳振孫：《直齋書錄解題》卷 7《傳記類》，上海：上海古籍出版社點校本，1987）

《玄解》四卷、《玄曆》一卷。右丞襄陵許翰崧老撰。所解十一篇，通温公注為十卷，倣韓康伯注《繫辭》合王弼為全書之例也。大抵《玄首》如《彖》，《贊》如《爻》，《測》如《象》，《文》如《文言》，《攡》、《瑩》、《掜》、《告》如《繫辭》，《數》如《説卦》，《衝》如《序卦》，《錯》如《雜

卦》之類。其於《易》也，規規然擬之勤矣。《太玄曆》者，亦翰所傳，云温公手錄，不著何人作。（《直齋書錄解題》卷9《儒家類》）

《襄陵集》二十四卷。尚書右丞襄陵許翰崧老撰。元祐三年進士，靖康初入西府，建炎為丞轄，與黄潛善輩不合而去。（《直齋書錄解題》卷18《別集類下》）

文獻通考

《許右丞行狀》一卷。

陳氏曰：吏部員外郎許忻撰。許公翰字崧老，襄邑人，為尚書右丞。忻，其弟也。（［宋］馬端臨：《文獻通考》卷199《經籍考二十六・史傳記》，北京：中華書局點校本，2011）

《玄解》四卷、《玄曆》一卷。

陳氏曰：右丞襄陵許翰崧老撰。所解十一篇，通温公註為十卷，倣韓康伯註《繫辭》合王弼為全書之例也。大抵《玄首》如《彖》，《贊》如《爻》，《測》如《象》，《文》如《文言》，《攡》、《瑩》、《掜》、《告》如《繫辭》，《數》如《説卦》，《衝》如《序卦》，《錯》如《雜卦》之類。其於《易》也。規規然擬之勤矣。《太玄曆》者，亦翰所傳，云温公手録，不著何人作。（《文獻通考》卷208《經籍考三十五・子儒家》）

《襄陵集》二十四卷。

陳氏曰：尚書右丞襄陵許翰崧老撰。元祐三年進士。靖康初入西府，建炎為丞轄。與黄潛善輩不合而去。（《文獻通考》卷238《經籍考六十五・集別集》）

經義考

許氏翰《易傳》。佚。

《林泉野記》：許翰，字崧老，洪州進士。宣和中，為給事中。靖康初，以李綱薦召為御史中丞，綱黜，翰并罷。建炎初，綱入相，復薦為尚書左丞。

按：許氏《易傳》《宋志》不載，見尤氏《遂初堂目》。（［清］朱彝尊：《經義考》卷 23《易二十二》，臺北：中央研究院中國文哲研究所籌備處點校本，1997）

許氏翰《襄陵春秋集傳》。佚。

王褘曰："泰山孫氏專以書法論褒貶，襄陵許氏、永嘉陳氏專以書法論世變。"（《經義考》卷 184《春秋十七》）

許氏翰《玄解》。《通考》："四卷"。佚。《玄曆》。《通考》："一卷"。佚。（《經義考》卷 269《擬經二》）

四庫全書總目

《襄陵集》十二卷永樂大典本①

宋許翰撰。翰字崧老，拱州襄邑人。元祐三年進士，徽宗、欽宗時再為給事中，擢同知樞密院，以議論不合去。高宗即位，召為尚書右丞兼權門下侍郎，復乞宮祠以歸，事蹟具《宋史》本傳。據蔡絛《鐵圍山叢談》所載，絛與翰蓋最相契。然史稱翰於宣和間即奏記蔡京，謂"百姓困弊，起為盜賊，天下有危亡之憂，願罷雲中之師，修邊保境"，時不能用。其後燕山之役，卒以召釁，論者謂其有曲突徙薪之謀。其諫种師道不當罷，疏至三四上，亦深得救時要領。至南渡後入踐政府，極論黄潛善姦邪，而力言李綱忠義可用，致為宵小齮齕去位。生平正直之節，終始不撓。今所上章奏，具在集中，其勁氣凛然，猶可想見。然則絛所記錄，亦如其《西清詩話》依附蘇、黄以求名耳，不足為翰累也。

① "襄陵集"，文淵閣本、文津閣本《襄陵文集》提要作"襄陵文集"。下同。

翰所著有《論語解》、《春秋傳》諸書，蓋頗究心於經術，故發為文章，具有源本。惟《論配享劄子》一通，稱揚雄與孟子異世同功，請以配食孔子廟廷，位次孟子，其說頗為誣謬耳。陳振孫《書錄解題》稱《襄陵集》二十四卷，其本久佚。今據《永樂大典》所載，採輯編次，釐為十二卷。其奏疏為《永樂大典》所原闕者，則別據《歷代名臣奏議》補入，庶直言讜論猶得以考見其什一云。（《四庫全書總目》卷155《集部・別集類八》，北京：中華書局影印本，1965）

附録三　交遊文字

詩歌唱和

道出廬阜偶值崧老右丞同遊
東西二林蒙示佳篇輒次來韻

迂踈又復謫南州，假道江山得勝遊。杖履欣逢長者轍，笑談同訪遠公流。風摇杉檜驚寒夢，烟鎖風嵐繞翠樓。① 回首中原意蕭瑟，此生飄泊任雲浮。（［宋］李綱：《梁溪先生文集》卷 18，《宋集珍本叢刊》第 36 册影印傅增湘校跋清道光刊本，參校《梁谿集》［影印文淵閣四庫全書本］）

許崧老見和月林堂夜坐詩復次前韻寄之

宇宙一逆旅，安用歸吾廬②。解裝寓僧房，袤丈即有餘。三年走萬里，華髪照川途。頗思少壯樂，談笑輕簪裾。醉揮鐵如意，擊碎紅珊瑚。垂老見兵革，濟時愧才疏。及兹再飄零，歛若霜中梧。幸從山林遊，時與釋子俱。超然意有會，不必窺其書。臞仙静退者，久要不渝初。和我《月林篇》，此作久所無。微言思會面，歲晚苦離居。（《梁溪先生文集》卷 22）

再次韻崧老見和之作時
借春秋集傳又欲借易説故篇中及之

胡塵暗中原，河洛皆穹廬。衣冠競南渡，故國靡復餘③。襄陵大嶽裔，

① “風”，文淵閣本《梁谿集》卷 18 作“峯”。
② “吾”，文淵閣本《梁谿集》卷 18 作“我”。
③ “國”，原作“園”，據傅校、文淵閣本《梁谿集》卷 23 改。

亦爾困征涂。顛沛不忘道，呻吟曳長裾。如公巨川舟，豈止清廟瑚。顧吾正羈束，①未能踵漢疏。幸然聲氣同，鳴鳳棲必梧。褰裳思琢磨，道阻不得俱。已從借麟經，更欲窺羲書。庶或晚聞道，洗心復其初。湘沅騷人鄉，蘭芷今豈無。回風摇蕙草，歎息空幽居②。（《梁溪先生文集》卷23）

周元仲來自湖外傳示崧老贈東林珪老三友篇讀之慨然因次其韻

粲粲襄陵翁，大嶽幾世孫③。文章老益奇，於道見本原。我生植艱虞，慘澹風霾昏。挽翁共出力，一覯扶桑暾④。芬馥蓺蘭芷，神姦伐蛟鼉。此志竟蕭條，相顧聲為呑。遠遊負深釁，行遍西南坤。憶昨遇江上，攜手廬山樊。林間接軟語，⑤窮盡興衰根。三年隔瘴海，豈謂我尚存。何嘗知棗梨，頗亦聞風旛。讀翁《三友篇》，雅契久彌敦。江南盜雲擾，崛起巢與温。翁今渺安在，猶滯脩水源。我病寄閩嶺，栖息僧家園。百念悉灰冷，窺見《易》象渾。區區不自量，信筆箋微言。逝將從翁遊，淬礪删其繁。三聖邈已遠，⑥萬古同所尊。何當進此道，對坐虛明軒。（《梁溪先生文集》卷28）

---

① “顧吾”，傅校：一作愧我，文淵閣本《梁谿集》卷23作“愧我”。
② “空”，原作“坐”，據傅校、文淵閣本《梁谿集》卷23改。
③ “幾”，文淵閣本《梁谿集》卷28作“九”。
④ “覯”，傅校：一作廓，文淵閣本《梁谿集》卷28作“廓”。
⑤ “軟”，傅校：一作款，文淵閣本《梁谿集》卷28作“軟”。
⑥ “三”，原作“二”，據文淵閣本《梁谿集》卷28改。

許崧老賦三友篇以遺東林珪禪師余嘗次韻和之未幾余被命宣撫荊廣崧老復以詩來曾未一歲間聞吳元中薨於柳［崧］老東歸薨于虔余方罷帥事屏居長樂珪禪師自江西見過閱篋中得崧老二詩相與讀之愴然因復追和其韻[1]

胡塵暗神州，竇玦悲王孫。六龍轉淮海，荆棘生中原。時危賴耆俊，引手開霧昏。廓清天宇間，復見咸池暾。跨海斬長鯨，驅石駕鼉黿。悼心失良策，至今聲尚吞。二公直以方，象在六二《坤》。英英鸞鵠姿，超然脫籠樊。才雄一世表，學貫萬象根。皇天不憖遺，三友獨我存。去歲適湖湘，戈甲照旗旛。龍城得吳書，心契久益敦。襄陵寓營道，詩句來清溫。回頭失良友，誰能詰其源。我老卧江海，病鶴栖荒園。娛心嶺雲白，濯足溪流渾。幽人幸見過，握手得晤言。從來心地法，半偈已覺繁。願磨習氣垢，坐覼出世尊。喟彼泉下人，[2] 何由復軒軒。（《梁溪先生文集》卷 30）

和許嵩老江上舟災

火德孝嚴嗟掠虛，祝融江面怒心餘。千尋赤尾干堯曆，百仞紅鱗滅禹書。丙穴烘天誰得及，丁翁奔日更難如。文昌右轄知幾早，無妄之災不我居。公近辭政府而出至真州，是日遊長蘆寺，聞焚，累日乃歸。

平生易象論孤虛，富貴功名不願餘。政府頻垂憂國淚，梵宮獨看竺乾書。衆驚赤壁復焚爾，自擅三禪早晏如。回首焚軀並并溺骨，何為不早傍

---

① “崧”字原無，據傅校、文淵閣本《梁谿集》卷 30 補。“虔”，原作“虔”，據傅校、文淵閣本《梁谿集》卷 30 改。

② “彼”，傅校：一作然，文淵閣本《梁谿集》卷 30 作“彼”。

禪居。三禪無火灾。

再　和

不肯喧喧奏子虚，何心江上惜三餘。陸渾火但無家計，宣榭灾宜費圖書。每恨血鱗能雨若，何堪脱角去焚如。知公輔弼關心處，不比他人樂退居。

頃歲官嘗傍紫虚，嵩雲緱月笑談餘。惟知猿鶴乞骸疏，不録熊羆諫獵書。遊寺但知能自與，焚舟不復問何如。巖廊德量誰能比，大令山陰難並居。（［宋］晁説之：《嵩山文集》卷9，四部叢刊續編本；參校《景迂生集》，影印文淵閣四庫全書本）

◇ 制

端明殿學士左通議大夫提舉萬壽觀許翰復資政殿學士制

勑：朕遇灾而懼未明，求衣推原其端。罔燭厥理，肆加霈澤。大賚多方，雖極幽微，靡有遐棄，而况二三大臣散在外服，蓋朕所恃以為時望者也。使或失職，斯民何觀？宜錫恩章，悉加命數。具官某識高而器遠，學博而聞多。清以有容，澹乎自守；剛而不犯，意在愛君。譽已高於一時，志獨追於千古。昔靖康之初政，起宣和之舊臣。首預優除，旋登要路。遂從憲府，進陟樞庭。士心傒望其謀猷，天下想聞其風采。宜重持以自愛，何輕譽以假人？功雖勒於燕然，豈無慚德；人既殊於有道，寧免愧辭。榮名因褫於殿廬，賦禄乃從於祠宇。屢更歲月，亦既甄收。顧惟求舊之思，可緩再新之澤。殆將應於同德，宜先正其崇階。不替前恩，用旌宿望。其

勿忘於奮用，尚共濟於艱難。可。（［宋］王洋：《東牟集》卷 7，影印文淵閣四庫全書本，參校影印文津閣四庫全書本）

◈ 書

崇陽與許崧老書

某頓首啟崧老宮使右丞：冬序隆寒，伏惟燕處超然，鈞候勝常。昨者廬阜獲從杖屨之遊者數日，慰懌多矣。別來忽復半年，豈勝馳仰。中間辱教，賜以傳聞，從者所寓不一，［久］稽修報①，愧荷無喻。得珪老書，乃知眷聚已過雲巖，計大旆今已至止，遂為安居之謀否？

區區夏末，即抵湖外，屬沿江盜賊傳報紛錯，宿留通城、崇陽間。今歲且盡矣，雖小寇尚未衰息，庶幾阻江，無南渡之志。旦夕遂如渚宮，事有輕重，不得不預料。然又有非料度所能及者，亦姑聽之耳。前蒙誨諭，悚荷。雲巖丈室竹林間風月殊佳，第恐不甚宜久②。竹庵錄示《月林堂和篇》，諷咏歎服，輙復次韻和呈，以資一笑。

李道夫聞有舊，必數過從。此但終日塊坐，時與古人相對黃卷間耳。《春秋》書竊念一觀，③ 少窺尋遺經始終之意。④ 告就趙令處借一介送示，幸甚。如定居修江，此去不遠，時得通問也。臨江蕭建功秀才，了翁孫婿，極佳士，慕義之久，欲一見望。幸與其進也。

歲暮，未有承晤之期，臨書增懷，切冀為國自厚。謹上狀。不宣。某再拜。（《梁溪先生文集》卷 110）

---

① “久”字原無，據文淵閣本《梁谿集》卷 110 補。
② “宜久”，文淵閣本《梁谿集》卷 110 作“宜冬”。
③ “竊念”，文淵閣本《梁谿集》卷 110 作“竊願”。
④ “少窺尋遺經始終之意”，文淵閣本《梁谿集》卷 110 作“少窺獨究遺經終始之意”。

蒲圻與許崧老書

某頓首啓崧老宫使右丞臺座：使至，兩奉誨墨，殊荷眷情。履兹新陽，伏惟鈞候多福。

區區自崇陽趨鄂渚，行次蒲圻，被受近旨，檢會左降官不許同處一州，移居澧陽。自蒲圻由岳趨澧，便道也。少留治裝，朝晚遂行。澧陽深僻遠江，非鄂渚比，雖使自擇，不過如此，感懼深矣。然自分寧至澧，與鄂道里惟均，尚冀時獲通問也。

寵示和篇，[①] 詞意高古，殆不容復繼矣，歎仰無喻。近詩文數篇謾往，以資一噱，願勿他示為幸。蒙不鄙，借示《春秋集傳》，使得窺尋盛作[②]，以考聖人筆削褒貶之深意，幸甚。俟反覆究觀，有所疑難，續具咨質傳畢，即專人馳書府次。

某飽食閑暇，無所用心，亦頗得追繹舊學。第苦道途奔走，未遂息肩[③]。到澧陽如得少安，杜門省愆，收心反照，以觀四十六年之非。此外於經史間隨分有所發明，亦不虚度歲月。倘成卷帙，[④] 自當録往，以資琢磨。第恐跡愈孤危，[⑤] 未必得安居耳。妄傳之多，乃所以速其遠也。皇恐皇恐。元中書前路即遣人送去，必不遺墜。

無緣少奉言色，臨書馳情。歲晏苦寒，千萬為此道自重。不宣。某再拜。（《梁溪先生文集》卷 110）

---

① “寵示”，文淵閣本《梁谿集》卷 110 作“寵賜”。“和篇”，“和”原作“知”，據傳校、文淵閣本《梁谿集》卷 110 改。

② “盛作”，文淵閣本《梁谿集》卷 110 作“聖作”。

③ “未遂”，文淵閣本《梁谿集》卷 110 作“未得”。

④ “卷帙”，文淵閣本《梁谿集》卷 110 作“篇帙”。

⑤ “愈”，原作“逾”，據文淵閣本《梁谿集》卷 110 改。

澧陽與許崧老書

某頓首啟崧老宮使右丞台座：岳陽人還，奉十二月五日所賜教，審聞鈞候勝常，感慰無喻。歲華改新，伏惟茂對令辰，擁倍殊祉[①]。

某待罪澧陽，纔息肩，復聞有海南之行，不勝惶懼。束裝俟命即上道，然傳報已久，而命猶未至，益以震悚。章疏不知曾見否？大概以六事為言，其五皆靖康往事，其一謂既罷黜，不當迂路歸無錫，且與縣官宴飲惠山，復資囊士人上書詆朝政［得失］[②]，冀復召用[③]。所以屏之海外，坐此而已。方建炎秋八月丐罷相而歸，至十一月始有落職之武昌指揮，則當其未謫數月間，不歸其家，將安歸乎？惠山乃靖康所賜，以為功德院，一詣飯僧，初未嘗與縣官行飲宴也。至資囊士人上書言事，冀復召用，此豈理也哉！是身許國已久，方宣和末變故洶湧，及靖康中讒謗沸騰，分甘死矣，得逮今日，皆其餘也，豈復吝惜？然聖主在上，睿智日躋，如日中天，而萬物畢照，終冀蒙察，死且不朽。自古賢智，不能自免者多矣。況以疎陋之姿，而值艱危之際，進不量其材力，退遂至於顛隮。罪大謫輕，夫復何道？數舍之遠，無緣一別，情可量也。

前蒙借示《春秋［集］傳》[④]，玩味諦繹，心舒目明，不能去手。此書黯闇久矣，今乃燦然，非精思深考，超詣自得，何以及此。歎服無已，輒作數百言，書於後引之末，未知是否，殊愧率爾也。然前書所謂，猶有疑者，竊恐未免有求之太備、索之太過去處。而《三傳》之說，亦有邈焉與經相違者，正當信經而不信《傳》，痛删去之，然後聖人之意明，不當尚取其近似之説，以虧一簣之功也。願試陳一二，以質所疑。

---

① “擁倍”，文淵閣本《梁谿集》卷 110 作“擁培”。

② “得失”二字原無，據文淵閣本《梁谿集》卷 110 補。

③ “冀復”，原作“復冀”，據文淵閣本《梁谿集》卷 110 乙。

④ “集”字原無，據傅校、文淵閣本《梁谿集》卷 110 補。

孔子因魯史而《春秋》作，於史之闕則亦闕之，所謂信以傳信，疑以傳疑，故曰："吾猶及史之闕文也。"若桓四年不書秋冬，十五年夏五不書月，十七年五月不書夏，此皆史之闕文，故聖人因而不書以志闕；若於不書秋冬、不書月、不書夏，取諸成歲及辰計之數，求其義而為之説，則恐求之為太備。孔子作《春秋》，於天地災祥必謹書之，使畏天者知其故，而恐懼修省，故曰："天垂象，見吉凶，聖人象之。"若書"常星不見"，"夜中星隕如雨"，"地震"、"山崩"之類，此皆德政不修、有所感召而然，故聖人書之以記災。若於"常星不見"，"夜中星隕如雨"，言霸統將興，而兆齊小白；於甲辰、甲午"地震"，言素王終始，而生死孔子；於"沙麓崩"，言晉文公將霸之祥而地理決；則恐索之為太過。《三傳》之説固有與經相違而可信者，如經書"趙盾弒其君"，而《傳》言盾之罪在於"出不越境，反不討賊"而已；經書"許世子止弒其君"，而《傳》言止之罪在於"不嘗藥"而已。弒君，大惡也，聖人正其罪而書之，豈苟然哉！雖《三傳》之説與經不同，或可信者，近於義故也。

至經書：襄七年，公會諸侯於鄬，"鄭伯髡頑如會，未見諸侯。丙戌，卒於鄵①。"而《傳》言子駟殺之。《左氏》謂子駟忿鄭伯不禮，"使賊夜弒僖公，［而］以瘧疾赴於諸侯"②；《公》、《穀》則謂鄭伯將會諸侯以從中國，而其臣欲從楚，故弒之。所以不書"弒"者，為中國諱也。夫以不禮於其君，與所從不同之故，遂成弒君之惡，恐不若是之甚。《左氏》載八年楚師伐鄭，子駟、子國、子耳欲從楚，子孔、子蟜、子展欲待晉，子駟曰："民急矣，姑從楚以紓吾民。晉師至，吾又從之，敬共幣帛，以待來者，小國之道也。犧牲、玉帛待於二境，③以待强者，而庇民焉。寇不為害，民不罷病，不亦可乎？"由是觀之，則子駟亦無必從楚之意，將會諸侯，遂先弒其君，何哉？《左氏》第言子駟弒僖公，初不言經所以不書弒之義，而《公》、《穀》言之。夫春秋二百四十年間，弒君三十六，孔子皆正其罪而書之。弒

① "鄵"，原作"鄂"，據《左傳・襄公七年》改。
② "而"字原無，據《左傳・襄公七年》補。
③ "待"，原作"陳"，據傅校、文淵閣本《梁谿集》卷110改。

君而賊不討，則不書葬，以責其臣子。今書“鄭伯髡頑如會，未見諸侯。丙戌，卒於鄵。”又書“葬鄭僖公”，則僖公欲會諸侯，未見而卒耳。理甚明白。《三傳》之説皆不可信，當悉删去之，以經為信可也。

某嘗謂介甫作《字説》，其發明義理之學甚深，然人得以議之者，以求之太備故也。古者六書，有象形、諧聲、轉注、假借、會意之類，而一切以義訓之，故不免有穿鑿之患。然則《春秋》因史之闕文略而不書者，存而不論，勿求之太備，則善矣。又嘗謂漢儒言災異，其指陳天人之際甚明，然後世得以議之者，以索之太過故也。惟先格王正厥事，覩天地之變，則側身修行以應之，而漢儒一切引類為之説，故不免有傅會之弊。然則《春秋》於天地之災祥，謹而書之者，論其大意，而不索之太過，則善矣。《孟子》曰：“盡信《書》，不如無《書》。吾於《武成》，[1] 取其二三策而已［矣］。[2]”信道之篤，取舍於經者猶如此，而况於《傳》乎？《三傳》獨《左氏》躬見魯史，《公》、《穀》乃得於傳授，《春秋》書“尹氏卒”以譏世卿[3]，《左氏》乃言尹氏為隱公之母。善學《春秋》者，去而勿取[4]，則鄭伯之弑，詎可信哉？是三者竊意以為如此，未敢必也。

承切磨之喻，[5] 故不敢自隱。或有可採，願無以人廢言；其或未然，却告垂誨。幸甚。方幸江、湖間，相去不遠，書問往返，可以資講貫之益。今乃屏之海外，邈無還期，離羣索居之念，宜何如耶！世路方艱，千萬為此道自重。不宣。某再拜。（《梁溪先生文集》卷 110）

海康與許崧老書

某頓首啟崧老右丞兄侍史：湖外人來，伏領中夏所賜教墨，竊審動静，

---

① “武成”，原作“武城”，據《孟子·盡心章句下》改。
② “矣”字原無，據《孟子·盡心章句下》補。
③ “譏”，文淵閣本《梁谿集》卷 110 作“議”。
④ “勿取”，文淵閣本《梁谿集》卷 110 作“弗取”。
⑤ “喻”，原作“諭”，據傅校、文淵閣本《梁谿集》卷 110 改。

感與慰并。秋高江外氣候已凉，伏惟燕處多裕，鈞候多福。

某以黎寇未靖，尚駐海康。官軍進討，賊勢稍衰，早晚遂南渡矣①。自抵嶺海，幸與小子無恙，然從者物故過半，瘴癘之鄉，真可畏也。蒙誨諭之厚，銘佩無已。垂示《易》書《彖》、《象》并《論語》、《法言訓詁》已領。離羣索居之久，得聞所未聞於蠻夷寂寞之濱，恍然如奉言色②，喜可量也。憂患中讀《易》，如管中窺豹，時見一斑，輒以所妄見者為之傳；又著《釋象》、《訓辭》、《明變》、《類占》、《衍數》諸篇，解剥《易》體，非敢謂足以垂世，成一家言，聊以自娛，忘憂永日而已③。常恨羈囚，未緣求教。近於元中處盡傳盛著，遂獲窺尋微旨，證其所合，而考其所不然者，幸甚，幸甚！卓見洽聞，發明難言之意多矣，然有未能無疑者，求於《大象》似太深，而求於《彖》、《爻》之象似未備也。嘗作書與元中論之，今録往。又嘗掇所著《釋象》中數十條致元中處，戒其勿他示，唯因風録致左右，願試取觀之，可見大概，庶幾千慮或有一得焉。

觀《易》之象，正猶觀天，辨其分域，察其名數，然後吉凶妖祥可得而占。不然，則以斗為箕，以角為尾，以紫微之垣為三光之廷④，其相去遼絶，可勝言哉！觀象然後可以得意，得意然後可以忘象。而近世學者，因王弼筌蹄之説，皆廢象而不談，此所以多失聖人之旨也。互體、卦變見於《春秋傳》所載占筮之言，皆古法，不可廢也。漢、魏間言《易》者，泥於象而不求其義，所取迂濶，多失聖人立象之本意。而自輔嗣以來，一槩以義而不求象，不得辭之所指，因以失義者，亦不為少。要之，二者兼乃有得，嘗試取《彖》、《爻》之象，審而觀之，其所以示人者，蓋燦然矣。況以高明之識，精深沈鬱之思，洞視而熟察之，其所得遂將超軼絶塵，何可跂及耶？所謂《彖》、《爻》之象者，元中書已論其略，今試及其一二。《姤》之"女壯"，象在《乾》、《巽》。乾，健也；巽，長女也。一陰初生，

① "早晚"，原作"旦晚"，據文淵閣本《梁谿集》卷110改。
② "奉"，原作"見"，據傅校、文淵閣本《梁谿集》卷110改。
③ "永日"，"永"原作"終"，據傅校、文淵閣本《梁谿集》卷110改。
④ "紫微"，原作"紫薇"，據文淵閣本《梁谿集》卷110改。

已為長女而健，此女壯之象也。《晉》之康侯錫馬蕃庶，晝日三接，象在《坤》、《離》。《離》，日也；《坤》，臣也，牝馬也。坤比於《離》，以柔順得君。康侯錫馬蕃庶，晝日三接之象也。餘卦皆然也。第或取互體，或取卦變，或取卦爻，為不同耳。爻象蓋亦如此，然又有相因以取象者。如《益》六四"利用為依遷國"，則初九"利用為大作"。所謂"大作"者，如《盤庚》之"厥攸作視，民利用遷"，"定之方中，作于楚宮"是也。損上益下，正在此爻，故其象取於遷國、大作，亦猶《損》六三之為"得友"，而上九之為"得臣無家"也。有相反以取象者，如《頤》之初九，以陽在下，有自養之才，然居動體則不能守之以靜，故為"舍爾靈龜，觀我朶頤"；六四，以陰在上，資物以為養，然居止體則有以靜養其威之意，故為"虎視眈眈，其欲逐逐"。龜伏氣，虎食肉，相去遠矣。動止殊而吉凶異，亦猶《大過》九二之為"枯楊生稊"，九五之為"枯楊生華"也。凡此之類，不可以一端求，因象會意，乃知聖人立象之妙，唯變所適而不可窮也。所謂卦體者，《頤》、《損》、《益》外實而中虛，有《離》之體，故爻象取龜；《大壯》外柔内剛，有《兑》之體，故爻象取羊之類是也。所謂卦變者，變《蠱》之六五以為九五，則《蠱》變而為《巽》，故其象以先甲、後甲為先庚、後庚；變《明夷》之六四以為九四，則《明夷》變而為《豐》，故其象六五、上六以暗在上，為"見斗"、"見沬"之類是也。凡此合一卦以觀，然後得之，亦猶"頤中有物曰噬嗑"。《小過》有飛鳥之象，時一見之，使學者精思而後得焉。妄謂如此，未知然否？願有［以］警誨之。[①] 幸甚。

《論語》、《法言訓詁》發揮妙理，脈絡貫通，正得古人立言之旨，甚善。《論語》皆聖賢言行之要，惜乎近世之人，以為童稚之習，而弗深考也。道途間因為小子講解，謾著其說，頗足正舊訓之失[②]。如"井有人焉"之"井"、"不施其親"之"施"，凡百餘條。今録十數章往，以丐鑒裁[③]。或有可取，當令小史以拙筆故楮盡書之，以致几格間也。世故方爾，吾儕

① "以"字原無，據文淵閣本《梁谿集》卷 110 補。
② "足"，原作"是"，據文淵閣本《梁谿集》卷 110 改。
③ "丐"，原作"乞"，據傅校、文淵閣本《梁谿集》卷 110 改。

惟當益求性命之理，守死善道耳，餘復何言！

詔令既下，想見士夫遷徙紛紛，念之心折。豫章遂為都會，分寧僻遠，自不相關，從者不必更他徙否？得舍弟六月初書，已辦［欲］來江外①，不知後復如何？族大累重，一遷自非易事也。聞杜門謝客，唯以著述為事，不勝歎仰。儒書訓釋既當，不若於佛書中發其妙意，雖見性了心，不立文字，然法門差別，理事通融，偏參亦自無礙，大抵訓釋前言，蓋專以為己，非為人也。

塊處海島，既遠朋友漸摩之益，又無書可觀，其遂君子之棄，而小人之歸乎？會晤無期，可量悁跂。切冀良食自厚。因張漕人還，寓書以承動靜。不宣。某再拜。（《梁溪先生文集》卷110）

别幅

來教謂設卦觀象而繫之辭，故辭皆自象生，説《易》者之謬妄，不難窮者，以有象質之也。又金石草木和合為藥，寒熱燥濕，體性頓殊。六十四卦三百八十四爻，字字有象，此言盡之矣。

至謂互體不足取，則似不然。求《易》之象於正體、互體、卦變、卦畫、時來、俯仰之類，皆不可廢，若祗於正體中求，即不合者多；必為之説，却成牽强。如《觀》之“盥而不薦”，②《震》之“匕鬯”，《剥》之“牀廬”，《歸妹》之“虚筐”，皆俯仰也。《臨》之“八月”，《復》之“七日”，《賁》之“相文”，《咸》、《恒》、《損》、《益》之“上下”，皆時來也。《噬嗑》之“頤中有物”，《鼎》之象；《大過》之“本末弱”，《小過》之“飛鳥”，《中孚》之“豚魚”，皆卦畫也。《井》之“改邑不改井”，《同人》之“于野”，《巽》之“先庚”、“後庚”，皆卦變也。取於互體者尤多，如《晉》

---

① “欲”字原無，據傅校、文淵閣本《梁谿集》卷110補。

② “如”，原作“以”，據文淵閣本《梁谿集》卷110改。

有《艮》，體則為鼠；《巽》有《兑》，體則為巫；《鼎》有《乾》《兑》，則“得妾以其子”。如《履》有《離》、《巽》、《兑》，則為跛、眇，如此之類，蓋不可勝舉。以三十卦考之，《噬嗑》正體《離》、《震》，互體《坎》、《艮》。《離》，日也，取諸龜貝之屬也。《震》動而《艮》止也，《坎》象也，此所以為日中，為市，致天下之民，聚天下之貨，交易而退，各得其所之象也。《豫》正體《坤》、《震》，互體《坎》、《艮》。《坎》為盜，《坤》順也，《艮》止也，所以為門闕也，《震》動而有聲也。動乎門闕之間而有聲，順以止之，此所以為重門擊柝以禦暴客之象也①。餘卦皆然，可思而得也。互體取象，曷可少哉？

又《觀》、《乾》、《兑》為《夬》，百官以治，萬民以察，而得《兑》為附決之説。《兑》、《乾》為《履》，以柔履剛，以剛咥柔，而得九五為《夬》、《履》之説。如是者蓋不可［勝］窮，② 然後知《易》之變一寓于象，而觀象之妙，一寓于變，執一端以求之則差矣。願以精深之思索于數者之間，必有神會而默契者。其或未然，亦望誨諭，幸甚。某再拜。（《梁溪先生文集》卷 110）

泰寧與許右丞書

某頓首啓崧老宫使右丞兄臺座：去秋人還，辱教答，審聞動静甚詳，感慰無喻。孫壻繼附到論《易》、《春秋》兩書，反覆熟讀，恍如對談③，喜可量也。④ 遷居擾擾，⑤ 久不具記，不審邇來為況復何似？履兹新春，伏惟鈞候多福。

---

① “禦”，文淵閣本《梁谿集》卷 110 作“待”。
② “勝”字原無，據文淵閣本《梁谿集》卷 110 補。
③ “對談”，原作“對譚”，據文淵閣本《梁谿集》卷 110 改。
④ “量”，文淵閣本《梁谿集》卷 110 同，傅校作“知”。
⑤ “遷居”，原作“遷兵”，據文淵閣本《梁谿集》卷 110 改。

區區挈族寓居鄉邑，目前粗適。鄰境巨盗稍就招納，第效顰者紛紛蠭起①，未知得奠居否？方今豈敢懷安，流行坎止，姑隨緣耳。去冬傳報江上擾攘，及分寧、武寧良用懸情②。繼聞羣寇即退，深隱山谷，當無驚虞，不知且復安處，唯別圖所適。四海横流，其勢未艾，吾儕正當遠引。猶之奕者，須觀局勢，不可留滯一隅，以貽後悔也，幸熟思之。

學《易》不言象，而象在其中，此誠至論。然要須觀象無所差忒乃可。若謂舍象而能得意，則恐未然。《春秋》推明災異，此正聖人所以和同天人之際者。前書不欲指事，謂如山崩而兆霸統，地震而興素王，恐難以必學者之信。後世山崩、地震多矣，而霸統不立，素王不作，有詰此者，將何以解之？大抵天地之變、五行之詳，各以其類應，蓋氣之先至者。猶病在五臟，善醫者察色按脈而知之。通夫古今，一理也。宣和己亥，都城之水，實兆靖康兵革之災。嘗觀《開天傳信記》，載禄山未亂前數年，長安大水，幾冒城郭。乃知天之告人如此之審，非有物使之，氣之自應，若合符節。論災異者不必過求，直以類推則得之矣。因誨諭，故及之③。

頃在海上，取自共和，訖於五季史家所載天地五行變異，纘為一書，雖未成就，然已有可觀。篇帙浩大，陸塗不能將，即附海舶來閩中寄沙陽一相識家，到此未暇取。近傳盗賊焚刼，未知存否。儻得藁沓尚存，編摩成書，庶幾有補於世。願丐一言以冠篇首，不朽之傳，誠有賴也。

還家幾半年矣，日困人事，筆硯遂疎，得有定居之所，復理故學，且從者寓止稍相近④，可以時從質問，何幸如之。

元中久不通問，遠寓瘴鄉，殊使人念之。然無冦盗之虞，未為非得計也⑤。李道夫、珪老時過從否？春風浸暄，敢冀為天下自重。謹上狀，不宣。（《梁溪先生文集》卷110）

---

① “效顰”，“顰”原作“尤”，據傅校、文淵閣本《梁谿集》卷110改。
② “懸情”，文淵閣本《梁谿集》卷110作“恒情”。
③ “及之”，文淵閣本《梁谿集》卷110作“及此”。
④ “相近”，文淵閣本《梁谿集》卷110作“相通”。
⑤ “計”，文淵閣本《梁谿集》卷110作“策”。

序跋

書襄陵春秋集傳後

孔子道大，天下莫能用。因魯史，作《春秋》，以俟後世君子。雖其義難知，然大旨不過尊王黜霸、褒善貶惡、內諸夏、外夷狄、志天道、謹人事而已。《春秋》經世，其言簡而法；《三傳》緯經，其說博而詳。簡而法者，必待夫博而詳者載事寔、釋義例，然後聖人之志因以不泯，而後世得以知之。猶天之垂象，昭回森布，推步占驗，非得甘石之書，則何以仰觀？此《三傳》之於聖人，所以不為無功也。然三家者所聞見異辭，所傳異辭[①]，各有所長，而時有異同不合之說。則學《春秋》者，宜精思深考，揆之以道，索之以理，取其是而去其非，則聖人經世之志得矣。或者舍《經》而信《傳》，則是得枝葉而忘根本也；棄《傳》而觀《經》，則是去甘石之書而窺天也。二者胥失，余患此久矣。

襄陵許崧老作《春秋集傳》，取三家之說不悖於聖人者著之篇，而刪去其所不然，又斷以自得之意，有發於《三傳》之所不能言者。[余] 得而讀之，[②] 廓然如披雲霧而覩天日之清明，燦然如汰沙石而見金玉之精粹。然後知《三傳》果有功於《春秋》，而《集傳》又有功於《三傳》。至於斷以自得之意，則與夫三家者齊驅而並駕也。其於學者，豈小補哉！

噫！孔子作《春秋》而亂臣賊子懼。葢筆削之際，游、夏不能措一辭。使得其時而道可行於天下，則誅賞廢置宜如何哉？雖不見行事，而垂之空言，猶足以使後世知君臣、父子之道。故太史公曰："有國者 [不可以] 不知《春秋》，[③] 前有讒而弗見，[④] 後有賊而不知；為人臣者 [不可以] 不知

---

① "所傳"後原衍一"聞"字，據傅校、文淵閣本《梁谿集》卷 163 刪。

② "余"字原無，據文淵閣本《梁谿集》卷 163 補。

③ "不可以"三字原無，據《史記》卷 130《太史公自序》補。

④ "弗"，原作"不"，據《史記》卷 130《太史公自序》改。

《春秋》，[①] 守經事而不知其宜，遭變事而不知其權；為人君父而不通于《春秋》之義者，[②] 必蒙首惡之名；為人臣子而不通于《春秋》之義者，[③] 必陷篡弑之誅，死罪之名。[④] 其寔皆以［為］善，[⑤] 為之不知其義，[⑥] 被之空言［而］不敢辭。[⑦]”然則學者其可不盡心乎！欲盡心焉，當自此書始。

建炎已酉歲正月五日，武陽李綱書。（《梁溪先生文集》卷 163，參校《經義考》卷 184）

書寄崧老易傳後

“曳其輪”之象，妙處在曳；曳者，自後牽車，以緩其行也。《坎》為輪輿，《既濟》、《未濟》，互體皆有《坎》，而初九、九二處其後，故象為“曳其輪”。《睽》體亦然，故六三之見上九，為“見輿曳”。自六三觀之，則上九處《坎》體之後，疑其無適已之意故也。曳之象皆在陽爻，則非才之剛而孔武有力者，安能曳車以止之哉？至《賁》之初九，亦處《坎》體之下，則以“舍車而徒”為象，此之謂唯變所適，由是觀之，豈非字字有象，而互體之類，曷可少哉！此秘殆亦昔人所未覩也。

前所錄數十條，皆考於象而為之說。既與世之説《易》者不同，於襄陵《易傳》亦有合不合者，願參考之，取其是而削其非，因周詳以誨諭為望。聖人立象以盡意，雖如觀天下之不可窮，然意之所在，要［自］有至

---

① “不可以”三字原無，據《史記》卷 130《太史公自序》補。

② “為人君父而不通于《春秋》之義者”，原作“為人君父者而不通《春秋》之義”，據《史記》卷 130《太史公自序》改。

③ “為人臣子而不通于《春秋》之義者”，原作“為人臣子者而不通《春秋》之義”，據《史記》卷 130《太史公自序》改。

④ “必陷篡弑之誅、死罪之名”，原作“必陷誅死之罪”，據《史記》卷 130《太史公自序》改。

⑤ “為”字原脱，據《史記》卷 130《太史公自序》補。

⑥ “為之”后原衍一“而”字，據《史記》卷 130《太史公自序》删。

⑦ “而”字原脱，據《史記》卷 130《太史公自序》補。

當去處[①]。吾儕即象以求之，正如法家斷案，鋪陳法律，求所以當其罪而止耳；不當其罪，則以笞杖，為徒、流相去遠矣。此所以必資於講貫之益。在《兑》，“君子以朋友講習”。義理之説，[②] 孰有大於此？惜乎江海之遼絶，而音問之難通也。

此編切勿以示人，非唯尚口乃窮之時，不足以取信於世，亦其間有未安者，隨得隨改也。所著《易傳》九卷，《總論》一卷，外篇《釋象》七卷，《訓辭》三卷，《明變》、《類占》、《衍數》各一卷，合二十三卷[③]。俟定居，當悉錄致左右，以求證明，唯痛加斤斧，乃所望也。（［宋］李綱：《梁谿集》卷163，影印文淵閣四庫全書本，參校《梁溪先生文集》［《宋集珍本叢刊》第36册影印傅增湘校跋清道光刊本］）

題許右丞翰作陳少陽哀詞[④]

尚書右丞許公之爲人，其言也訒。所著《易》、《春秋》、《論語》訓傳類皆簡要微婉。今觀陳諫議哀詞，指擿情偽，究極本末，詞繁而不殺，盖忠憤所激。孟子所謂予不得已者與。（［宋］汪應辰：《文定集》卷12《題跋》，文津閣四庫全書本）

讀許右丞哀詞 劉相

并州更作桑乾客，道逢舍者來争席。掀髯對坐有鉅人，開口劇談如舊識。試問客子從何方？興言扼腕微有傷。吾祖昔遑恤緯計，屢以直論干君

① “自”字原無，據《梁溪文集》卷163補。

② “義理”，原作“理義”，據《梁溪文集》卷163乙。

③ “二十三”，原作“二十二”，據《文獻通考·經籍考·梁谿易傳》改。

④ “翰”，原作“瀚”，據文意改。

王。讒諛弄國賢者避，禍福相乘呼吸異。懸知必有代庖責，被髮纓冠赴東市。大明既爭日月光，真與天地同久長。嗟予之生後長者，却識前輩奚其詳。大臣罔上擅行戮，揚以浮言葢私曲。誅姦發德示後世，右丞之文端可復。中興名臣凡幾門，聖朝報稱非少恩。紈蘭袖出承命帖，猶幸及識公之孫。春秋愛賢許之宥，十世已往未為厚。况今公議方大明，叩天大呌君無後。故人夢想親大賢，景仰高行思執鞭。典型方及見故物，倏爾長別良依然。土田未足為君勸，官爵未足酬君願。行矣志意勿倦游，歸而視之有家傳。（［宋］陳東：《少陽集》卷8《附錄》，文津閣四庫全書本）

讀許右丞哀辭南豐曾季貍

建炎初，金師屢至，兩宮蒙塵。天下義士，切齒扼臂。于時陳公衣褐在下，越俎代庖，肉食者憾之，卒以忠死。未幾，天子感悟，越等加卹。于是陳公之忠始暴白。然肉食者誑上誤國之罪未盡顯著，識者恨之。右丞許公時在政府，與同列者異議而去，嘗著陳公哀詞一篇，備言死事專出肉食者之意，及觀責尹之詞，則反若己無與焉，甚非人臣過則稱己之義。微許公之辭，世未有之者。

許公雖著是詞，未敢誦言于世。其後弟尚書郎忻手錄以藏之，葢有待而後出也。許公既薨，其弟尋亦下世，故其詞寂無傳焉。後四十年，尚書郎猶子進之得所錄遺稿于篋中，磨滅殆不存矣。一日出示季貍，曰：“進之將以是鑱諸石子，盍為我識之？”季貍矍然驚曰：“是詞之不亡，殆天意乎？安可使之無傳也。昔張巡、許遠事史官得以詳著者，由李翰傳之于前，韓退之序之于後。今此詞上以昭仁聖之本心，下以正肉食者之罪，異時司汗青者得之，不為無助。是亦李翰、韓退之文之比，詎可祕而不傳乎？”進之曰：“唯。”季貍乃述其所以然以告來者云。（《少陽集》卷8《附錄》）

無題詩跋[①]

予曩見周文忠公跋詩人許東溪玠樂府後，謂其祖右丞崧老文章、議論有不待贊，盖深美之也。然公之文曾未之見，今觀三卷詩語清壯如許，迺知文忠之言非溢美，而東溪詩亦有所自來云。淳祐甲辰清明後五日，約山朱渙行甫。(《鳳墅帖》續帖卷 4)

無題詩跋

許襄陵位中司於靖康多事之秋，其議論禦戎也，則乞用种師道夾河三戰之策以殲虜騎。其主盟斯道也，則力辯胡文定不臣之謗以懼小人。前帖論《易》奥旨，謂若究心，則它日當自知之。又曰不與心會，勿止也。惟其學識素充，燭理甚明，故立朝大節皎然在人耳目，詞章翰墨，特餘事耳。(《鳳墅帖》續帖卷 4)

悼詩、祭文

哭許崧老右丞二首

夫子相知一紀前，定交握手自忘年。長松老鶴骨格古，粹玉精金操守堅。出入三朝昭大節，漂流萬里正華顛。皇天不憖遺元老，空使蒼生共黯然。

多聞直諒復疏通，近世交遊少似公。葢代才名同賈誼，平生述作類揚

① 題為點校者所加。下同。

雄。筆蹤高古今那有，詩調清新老更工。知識年來凋喪盡，不堪衰淚落秋風① （《梁溪先生文集》卷 32）。

祭許崧老文

維紹興四年歲次甲寅二月朔辛巳，具位李綱謹以清酌庶羞之奠，致祭于故宫使、資政通議許公崧老之靈。

嗚呼！天地磅礴，河岳炳靈。篤生異人，鬱為世英。長松老鶴，其儀形也；粹玉精金，其性情也。澄淵藻鑒，燭理明也；設準持衡，稱物平也。經緯書史，文章成也；貫通古今，議論閎也。金石鏗鏘，詩句清也；鸞鵠翔翥，字畫精也。勇於為義，去就輕也；憂國如家，秉忠誠也。致位通顯，不自榮也；恬澹寂寞，得此生也。士一于此，垂世立名；而公兼之，以大其聲。嗚呼哀哉！《易》道陰陽，消長盛衰。《春秋》名分，褒貶是非。彌綸天地，立萬世規。先聖制作，孰大於斯？公獨潛心，抉摘杳微。解駮《三傳》，粃糠九師。發明象數，得其指歸。《羲畫》、《麟經》，粲然有輝。嗚呼哀哉！漢有祿隱，時惟子雲。英材拔萃，高識邁倫。擬古著書，《法言》、《太玄》。士有異論，或否或然。公獨好之，推尊其人。訓釋微辭，奥義一新。所見絶俗，豈其後身？嗚呼哀哉！我之識公，踰二十年。史館同僚，飽聞緒言。樞府槐堂，兩接官聯。引身以退，歸騎聯翩。我謫湖外，公寓江邊。邂逅相遇，廬山之樊。握手深談，達旦不眠。我謫嶺海，觸冒瘴煙。與死為鄰，鮫鰐垂涎。尺書屢及，夫豈相憐？迨其北歸，② 喜見顔間。願言相從，杖屨林泉。云何奄忽，朝露溘先。傷心涕零，三友之篇。嗚呼哀哉！國步艱難，賢智驅馳。梁棟之壞，哲人遽萎。藐然一老，天不憖遺。人之云亡，有識同悲。旅櫬漂泊，臨川之湄。無適非土，公其永歸。聊陳薄奠，侑以此辭。英爽不泯，庶其聽之。尚饗！（《梁谿集》卷 165）

---

① “衰”，原作“灑”，據文淵閣本《梁谿集》卷 30 改。
② “北歸”，“北”原作“比”，據《梁溪文集》卷 165 改。

附録四　許翰事蹟簡編

許翰事蹟簡編

許翰字崧老。

《三朝北盟會編》（上海：上海古籍出版社影印本，2008）卷 113 引《林泉野記・許翰傳》（以下簡稱《林泉野記・許翰傳》）："許翰字崧老"。《郡齋讀書志・附志》卷下《別集二》、《直齋書錄解題》卷 7《傳記類》、《宋史》卷 363《許翰傳》（以下簡稱《宋史》本傳）、《宋元學案》卷 45《范許諸儒學案・梁溪講友・右丞許崧老先生翰》、《宋宰輔編年録》卷 13 仍之。

許翰自稱"許某"（本集卷 10《跋溫公帖》）、"許崧老"（本集卷 10《跋志伋字》）、"襄陵許某"（本集卷 10《跋范文正公墨迹》）、"洞霄隱吏許某"（本集卷 10《跋榮夫人事》）、"襄陵許某崧老"（本集卷 10《識別永寧長老宗覺書》）。他人亦常稱其"崧老"（《梁溪先生文集》卷 18《道出廬阜偶值崧老右丞同遊東西二林蒙示佳篇輒次來韻》）、"許崧老"（《梁溪先生文集》卷 22《許崧老見和月林堂夜坐詩復次前韻寄之》、同書卷 32《哭許崧老右丞二首》、卷 110《崇陽與許崧老書》、《蒲圻與許崧老書》、《澧陽與許崧老書》、《海康與許崧老書》）。

襄邑人。

許翰籍貫，素無異議。《宋史》（北京：中華書局點校本，1977）本傳稱其"拱州襄邑人"。《宋宰輔編年錄》（北京：中華書局校補本，1986）卷 14、《宋元學案》卷 45《范許諸儒學案・梁溪講友・右丞許崧老先生翰》沿之。許翰自稱"襄陵許某"（本集卷 10《跋范文正公墨迹》）。他人在引用許翰著作時，常稱其為"襄陵許氏"。襄邑，治今睢縣。

有《襄陵文集》、《太玄解》、《春秋傳》等，現多散佚。

《宋史》本傳稱許翰"所著書有《論語解》、《春秋傳》"。據記載，許翰還有《論語訓詁》、《法言訓詁》（《遂初堂書目・論語類》）、《玄曆》（《直齋書錄解題》卷 9，《經義考》卷 269《擬經》作《玄曆通考》）、《易傳》(《經義考》卷 23)等著述。

許翰著作名稱並不一致，如其文集名稱，一作《襄陵文集》(《郡齋讀書志·附志》卷下《別集二》、《四庫全書總目提要·集部》)，一作《襄陵集》(《直齋書錄解題》卷 18《別集類下》、《文獻通考》卷 238《經籍考六十五·集別集》，現存《永樂大典》所引書名同)。其所著春秋經解著作，一作《春秋集傳》(本集卷 9《答丞相李伯紀書》、《經義考》卷 184、《梁溪先生文集》卷 110《澧陽與許崧老書》、《梁谿集》卷 163《書襄陵春秋集傳後》)，一作《春秋解》(《春秋程傳補》卷 3)。許翰章疏，生前因顛沛流離已經多所散佚(本集卷 9《答王蕃書》:"某靖康間爭論時事甚衆，世所見者攻割地和戎之非、追削濫賞一章而已。前年舟焚儀貢(真?)，疏草無復存者。")，宋人張栻曾親見許翰、許忻二公奏議(《南軒集》[影印文淵閣四庫全書本]卷 34《跋許右丞許吏部奏議》)。今本《襄陵文集》為清人自《永樂大典》及《歷代名臣奏議》等書的輯佚本。

外祖父沈超回，母親沈氏為沈超回長女，族弟許忻為許翰撰寫行狀。

據許翰對其一位族叔的描述，可知許氏家族並不顯達(本集卷 12《居士許公墓誌銘》:"襄陵許氏世有至德，五季之亂，譜録散亡，或傳其系出、爵里未能昭也，所可知者，自公高祖而葬襄陵家焉。曾祖諱守英，祖諱陟，皆隱田野，為大農家，惇而不華。父諱可宗，少受書而好交，實始從父徙居東郭。")

許翰外祖父沈超回，母親沈氏為沈超回長女(本集卷 11《給事郎守殿中丞致仕沈公墓誌銘》)，現存文獻中還記載了一位族弟許忻，曾為許翰撰寫行狀(《直齋書錄解題》卷 7《傳記類》)，曾侄孫許玠(《文忠集》[影印文淵閣四庫全書本]卷 55《書匹紙贈許玠介之》:"高宗初元，首用襄邑許崧老為尚書右丞，文章議論不待贊也。今曾姪孫玠學有家法，自衡州攜詩相過，格律高深，詞語清麗。")據一明代許氏家譜所記，許翰的一支宋代後人遷居天台(許穆:《天台義理許水南許氏宗譜》[明成化辛丑年刻本]序:"北宋翰公為始祖……後數世曰鵬公，字遠舉，號則古，以儒官居武陵。時因金人南侵，於嘉定癸酉偕弟鶚公來台。鶚公徙居黃邑東山，後許鵬公則慕天台山水之勝，占籍於西關外義理。”）

約生於宋英宗治平三年（1066）或治平四年（1067）。

諸書均未記載許翰生年。本集卷11《給事郎守殿中丞致仕沈公墓誌銘》：“初，先君起參商州軍而捐諸孤，先太夫人尚少也，而繈負千裹，反先君柩襄陵，躬居寡約，辦治斬斬。公數徃來二縣間，鎮撫其家。當是時，某生始四五歲。”據本集卷12《比部員外郎致仕沈公墓誌銘》可知，許翰父親卒于熙寧三年（1070）冬，據此可推知許翰約生于1066或1067年。

熙寧三年（1070）冬，許翰父親去世，外祖父沈超回、伯外祖父沈昭遜時過往省之。

本集卷11《給事郎守殿中丞致仕沈公墓誌銘》：“初，先君起參商州軍而捐諸孤，先太夫人尚少也，而襁負千里，反先君柩襄陵，躬居寡約，辦治斬斬。公數徃來二縣間，鎮撫其家。”本集卷12《比部員外郎致仕沈公墓誌銘》：“先太夫人既喪先太師，端憂襄陵汴水濱，伯外王父解官昭慶[①]，過而省之，留止累月，以鎮撫其勤約，是時熙寧三年冬也。”

元祐三年（1088），許翰中進士。

本集卷11《孫使君墓誌銘》：“余與君同元祐三年進士。”《宋史》本傳、《（雍正）河南通志》卷45《選舉·宋進士》所記同。

中第後，許翰曾任宛丘縣令佐官、密縣令，似乎長期沉寂下僚。

本集卷11《陳州宛丘縣令蔡君墓誌銘》：“元祐八年春三月乙未，陳宛丘令蔡君卒。越翼日，其佐許某還自潁，徃哭于其寢而弔其孤，退助其凡役事。”按，宛丘縣，治今河南周口市淮陽縣。本集卷11《孫使君墓誌銘》：“余與君同元祐三年進士，及余為密令，始與君游。”按，密縣，治今河南新密市。本集卷7《第二辭免奏狀》：“伏念臣久淪州縣，早廢問學”。本集卷8《謝孫傅師舉學官啓》：“起家一紀，操術無奇；受縣三年，治行不録。隕沉山谷，遽失歲時。”

---

① “王父”，原作“父王”，據文津閣本改。

元祐八年（1093）三月，宛丘令蔡君卒，其子来乞墓誌銘。

本集卷 11《陳州宛丘縣令蔡君墓誌銘》。

元符三年（1100），孫諤召為右司諫，許翰賀之。

《陶山集》（影印文淵閣四庫全書本）卷 4《舉臺諫官劄子》，原註："元符三年三月二十五日上，二十八日，（孫）諤以右司諫召。"本集卷 7《賀孫元忠司諫啟》。

崇寧二年（1103），朝廷復荊湖、湟州，許翰上表賀。

《宋史》卷 19《徽宗紀一》："（二年正月）知荊南舒亶平辰、沅州猺賊，復誠、徽州，改誠州為靖州，徽州為蒔竹縣。""（六月）復湟州。"本集卷 4《代賀平湖南北表二首》、《代賀復湟州表》。

崇寧三年（1104），與劉待制啟。

本集卷 7《上黨通劉待制啟》："一塵名第，十有五年；再試庸能，百無一得。"許翰元祐三年（1088）登進士第，"十五年"後為崇寧二年（1104）。劉待制名姓待考。

大觀四年（1110），孫道葬，其子來乞墓誌銘。

本集卷 11《孫使君墓誌銘》。

政和三年（1113），入為秘書省校書郎。

本集卷 11《贈朝散郎孫君墓志銘》："政和三年，余入校中祕書。"

政和四年（1114），葬外祖父沈超回，其孫來乞墓誌銘。

本集卷 11《給事郎守殿中丞致仕沈公墓誌銘》。

政和五年（1115）三月，跋《法帖刊誤》。

《東觀餘論》（《全宋筆記》第三編第四冊，鄭州：大象出版社點校本，2008）卷上。

政和六年（1116），孫覿卜葬，其家求墓誌銘於許翰。

本集卷 11《贈朝散郎孫君墓志銘》。

同年十月，沈基葬，其家求墓誌銘於許翰。

本集卷 12《故朝奉大夫通判慈州沈公墓誌銘》。

政和七年（1117），上《因時立政疏》。

本集卷 5《因時立政疏》。

同年，翁彦深女葬，後五年，彦深來乞墓誌銘。

本集卷 12《翁季女墓誌銘》。

政和八年，姻親魏矞將葬，其子來乞墓誌銘。

本集卷 11《朝請大夫提點信州太霞宫魏公墓誌銘》。

宣和元年（1119）正月，詔改僧尼稱呼、服飾等，許翰上書建議不可操之過急。

《佛祖統紀》（上海：上海古籍出版社校注本，2012）卷 47："宣和元年正月，詔曰：'自先王之澤竭，而胡教始行於中國，雖其言不同，要其歸與道為一教，雖不可廢而猶為中國禮義害，故不可不革。其以佛為大覺金仙，服天尊服；菩薩為大士，僧為德士，尼為女德士，服巾冠，執木笏；寺為宫，院為觀，住持為知宫觀事；禁毋得留銅鈸塔像。'"本集卷 4《論釋氏劄子》："伏覩手詔，冠巾僧徒，禁梵語，以一道德。而凡庸不喻聖度之涵容，籍籍以謂遂將剗革經文，更造佛像，則是實廢其教，涕洟愁蹙，若無所歸。今若但易其號名而不變其容服，人必安之。必欲丕變，猶宜期以數年"。

六月，奉御筆召為中書舍人。上書繳還趙畿詞頭。

本集卷 7《辭免試中書舍人奏狀》："六月二十九日奉御筆召試中書舍人者。聞命非常，撫躬自失。"

本年夏，都城大水，許翰與蔡京言謝中美占驗之靈。

《鐵圍山叢談》（北京：中華書局點校本，1983）卷 2："宣和歲己亥夏，都邑大水，莫知所繇來。嚮非城西索水之北有新築堤，初架水之通宫苑者，偶横阻得且止，微此，一夕灌城，悉為魚鼈矣。時給事中許翰崧老語魯公："頃熒惑入天江，有謝中美者，謂後三年都邑必大水，今驗矣。"魯公因語吾，使訪其人。"《宋史》卷 61《五行志一上・水上》："宣和元年五月，大雨，水驟高十餘丈，犯都城，自西北牟駝岡連萬勝門外馬監，居民盡没。前數日，城中井皆渾，宣和殿後井水溢，蓋水信也。至是，詔都水使者決西城索河堤殺其勢，城南居民冢墓俱被浸，遂壞藉田親耕之稼。水至溢猛，直冒安上、南薰門，城守凡半月。已而入汴，汴渠將溢，於是募人決下流，由城北入五丈河，下通梁山濼，乃平。”

同年，孫惟恭改葬，其家來乞墓誌銘。

本集卷 12《登仕郎守少府監孫公墓誌銘》。

宣和二年（1120）夏，族弟許慥病卒。

本集卷 12《居士許公墓誌銘》。

同年，同僚譚世勣母葬，來求墓誌銘。

本集卷 12《龔氏夫人墓誌銘》。

宣和三年（1121），許忻登進士第。族嬸李氏去世。

本集卷 12《居士許公墓誌銘》。

四月方臘被俘，許翰上表賀。

《宋史》卷 22《徽宗紀四》：“（宣和三年四月）庚寅，忠州防禦使辛興宗擒方臘於清溪。”本集卷 3《賀獲方賊表》。

閏五月甲申，族叔許永去世。

本集卷 12《居士許公墓誌銘》。

宣和四年（1122），族叔許永夫婦、許慥同葬，許翰撰墓誌銘。

本集卷 12《居士許公墓誌銘》。

同年，以朝廷撫定燕山，上表賀。

《皇宋十朝綱要》（北京：中華書局校正本，2013）卷 18《徽宗》：“（宣和四年十月）癸丑，以復燕山府，御紫宸殿，受百官賀。”本集卷 4《賀撫定燕山府表》。

宣和五年（1123）十二月，姻親孫宗鑒卒，許翰為其撰寫墓誌銘。

本集卷 11《朝奉大夫充右文殿修撰孫公墓誌銘》：“宣和五年冬十二月甲申，朝奉大夫、右文殿修撰尉氏孫公卒，其侄棆、樠以書來訃且乞銘……余昔取友天下，恨得公晚，今又以婚姻之故來屬余銘，念雖疾甚，不可不力。”

宣和七年（1125），召為給事中。

《宋史》本傳："宣和七年，召為給事中。"

同年，撰伯外祖父沈昭遜墓誌銘。

本集卷 12《比部員外郎致仕沈公墓誌銘》。

正月初七日，上書蔡京。

《宋史》本傳："為書抵時相，謂百姓困弊，起為盜賊，天下有危亡之憂。願罷雲中之師，修邊保境，與民休息。"許翰上書見本集卷 9《上蔡太師書》。據《宋史》卷 22《徽宗紀四》，宣和六年（1124）十二月癸亥，"蔡京落致仕，領三省事。"七年（1125）四月庚申，"蔡京復致仕。"

同年，因上書論中書舍人孫傅不當罷，落職，提舉宮觀。

《宋史》本傳："高麗入貢，調民開運河，民間騷然。中書舍人孫傅論高麗於國無功，不宜興大役，傅坐罷。翰謂傅不當黜，時相怒，落職，提舉江州太平觀。"

按，高麗宣和六年十月入貢（《皇宋十朝綱要》卷 18《徽宗》、《宋史》卷 22《徽宗紀四》、《高麗史》卷 15 上），"使者所過，調夫治舟，騷然煩費。傅言：'索民力以妨農功，而於中國無絲毫之益。'宰相謂其所論同蘇軾，奏貶蘄州安置。給事中許翰以為傅論議雖偶與軾合，意亦亡他，以職論事而責之過矣，翰亦罷去。"（《宋史》卷 353《孫傅傳》、《東都事略》[掃葉山房本] 卷 108《孫傅傳》）。《漁隱叢話後集》[北京：人民文學出版社點校本，1962] 卷 36《本朝雜記下》："《詩說雋永》云：孫伯野，宣和間為中書舍人，論麗人入貢，所過騷動，貶散官，居于蘄州。許崧老時為給事中，乃封駁曰：'孫傅山東野人，乞從末減。'"

宣和年間，修哲宗寶訓成書，許翰轉官回授。

《玉海》（揚州：廣陵書社影印本，2003）卷 49《藝文》："宣和中修《哲宗寶訓》。不知年"本集卷 3《謝脩哲宗寶訓成書轉官回授表》。

靖康元年（1126），以給事中召。二月壬寅（六日），除翰林學士。

《宋史》本傳："靖康初，復以給事中召。時金人攻京師甫退，翰造闕，即日賜對，除翰林學士，尋改御史中丞。"《靖康要錄》（十萬卷樓叢書本）

卷2：“（二月六日）許翰除翰林學士。”本集卷10《淵聖御書老子道德經唐十八學士畫讚等跋尾》：“靖康之初，臣被召節入圍城中，即日賜對便殿，曰：‘朕在東宫，則已手錄卿章疏矣。’”

甲辰（八日），除御史中丞。

《靖康要錄》卷2：“許翰除御史中丞。”《宋宰輔編年録》卷13：“翰靖康初李綱薦其忠直，召為御史中丞。”

庚戌（十四日），李邦彥罷相，不出都城；張邦昌進太宰，許翰均上書論之。

《皇宋十朝綱要》卷19《欽宗》：“庚戌，李邦彥罷為觀文殿大學士、中太一宫使，少宰張邦昌進太宰，知樞密院事吳敏為少宰。”

本集卷4《論李邦彥劄子》：“臣近論宰相白時中、李邦彥、執政王孝迪等去位不出都城，非祖宗法。”本集卷5《用大臣以勵風俗疏》：“”本集卷6《論用相》：“今又將相張邦昌於廟堂，則是古之所謂外、今之所謂內，類進之禍，豈復勝言!”

癸丑（十七日），种師道罷，許翰上書論之。

《皇宋十朝綱要》卷19《欽宗》：“癸丑，金人皆渡河北去，种師道罷為中太一宫使。”

《皇朝編年綱目備要》（北京：中華書局點校本，2007）卷30：“中丞許翰言：‘不當解師道兵柄。’上曰：‘師道老矣，難用。當使卿見之。’令相見於殿門外。師道寂然不語，翰因言平仲城下用師之失，以感發之，師道始言：‘彼衆我寡，當分兵結寨守要地，使糧道不通，挫以持久，可破也。’翰深歎息其言，復上奏：‘師道智慮未衰，方時多故，虎臣置之散地，非策也。’”按，許翰上奏詳見《乞復用种師道疏》（本集卷5）、《再論乞用种師道劄子》（本集卷4）。

乙卯（十九日），劾孟昌齡父子。

《宋史》卷93《河渠志三》：“靖康元年二月乙卯，御史中丞許翰言：‘保和殿大學士孟昌齡、延康殿學士孟揚、龍圖閣直學士孟揆，父子相繼領職二十年，過惡山積。妄設堤防之功，多張稍樁之數，窮竭民力，聚斂金帛。交結權要，内侍王仍為之奥主，超付名位，不知紀極。大河浮橋，歲一造舟，京西之民，猶憚其役。而昌齡首建三山之策，回大河之勢，頓取百年浮橋之費，僅為數歲行路之觀。漂沒生靈無慮萬計，近輔郡縣，蕭然破殘。所辟官吏，計金敘績，富商大賈，争注名牒，身不在公，遥分爵賞。每興一役，乾没無數，省部御史，莫能鈎考。陛下方將澄清朝著，建立事功，不先誅竄昌齡父子，無以昭示天下。望籍其姦贓，以正典刑。'詔並落職：昌齡在外宫觀，揚依舊權領都水監職事，揆候措置橋船畢取旨。翰復請鈎考簿書，發其姦贓。乃詔昌齡與中大夫，揚、揆與中奉大夫。"（又見於《皇宋十朝綱要》卷 19《欽宗》）

本月，許翰還上書《論御筆手詔不由三省而下者取旨方行劄子》、《繳趙畿詞頭劄子》、《繳盛章詞頭劄子》、《論建官劄子》（本集卷 4）、《河北戎政疏》、《慎用人材疏》、《辨忠邪疏》（本集卷 5）、《論戰》、《論三鎮》、《論用將》、《論學校謗傷》、《論宦官》（本集卷 6）。

三月己巳（初三），除同知樞密院事。

《宋史》卷 212《宰輔表三》："許翰自御史中丞除中大夫、同知樞密院事。"制書曰："三代而上，文武一致。故在泮獻馘，儒者事也。國家設爲樞府，以重兵政，而總以經術大臣，蓋本諸此。歷選在服，今得偉人。具官許翰奥學造微，靖節自守。擅君房言語之妙，有揚雄深湛之思。封駁東臺，執法烏府，問譽美矣。兹予命爾，進貳樞柄，以辨博過人之才，而論金華之要；以通敏沈識之智，而運帷幄之籌。庶幾安邊息民，以展丕治。夫國之大事，戎居其一。天生五材，兵不可去。長轡遠馭，方資深謀。思患預防，宜有所備。勉既爾志，竚觀策勳。"（《宋宰輔編年録》卷 13）

甲申，上書乞誅朱勔父子。

《靖康要錄》卷 4。

五月，督責种師中解太原之圍，師中死之。

《宋史》卷 335《种師中傳》："時粘罕避暑雲中，留兵分就畜牧，覘者以為將遁，告諸朝。知樞密院許翰信之，數遣使督師中出戰，且責以逗撓。師中歎曰："逗撓，兵家大戮也。吾結發從軍，今老矣，忍受此為罪乎！"即日辦嚴，約古及張灝俱進，輜重賞犒之物，皆不暇從行。五月，抵壽陽之石坑，為金人所襲。五戰三勝，回趨榆次，去太原百里，而古、灝失期不至，兵饑甚。敵知之，悉眾攻，右軍潰而前軍亦奔。師中獨以麾下死戰，自卯至巳，士卒發神臂弓射退金兵，而賞齎不及，皆憤怨散去，所留者才百人。師中身被四創，力疾鬥死。”

按，許翰迫死种師中一事，宋人朱熹不以為然。“某看他書（指《長編》——筆者按）靖康間事最疏略，如姚平仲劫寨，則以為出於李綱之謀；种師中赴敵而死，則以為迫於許翰之令。不知二事俱有曲折……師中之死，亦非翰之故。按，《中興遺史》云：‘河北制置副使种師中軍真定，進兵解太原圍。去榆次三十里，金人乘間來突。師中欲取銀賞軍，而輜重未到，故士心離散。又嘗約姚古、張灝兩軍同進，二人不至，師中身被數創，裹創力戰又一時，死之。朝廷議失律兵將，中軍統制官王從道朝服而斬於馬行市。’脫如所書，則翰不度事宜，移文督戰，固為有罪。師中身為大將，握重兵，豈有見樞府一紙書，不量可否，遂忿然赴敵以死？此二事蓋出於孫覿所紀，故多失實。問：‘覿何如人?’曰：‘覿初間亦說好話。夷考其行，不為諸公所與，遂與王及之、王時雍、劉觀諸人附阿耿南仲，以主和議。後竄嶺表，尤銜諸公，見李伯紀輩，望風惡之。洪景盧在史館時，沒意思，謂靖康諸臣，覿尚無恙，必知其事之詳，奏乞下覿具所見聞進呈。秉筆之際，遂因而誣其素所不樂之人，如此二事是也。仁甫不審，多採其說，遂作正文書之。其他紀載有可信者，反為小字以疏其下，殊無統紀，遂令觀者信之不疑，極是害事。’”（《朱子語類》卷130《本朝四》，《朱子全書》第18冊，合肥、上海：安徽教育出版社、上海古籍出版社點校本，2002）今人何冠環先生亦強調“榆次之敗，平心及客觀而論，作為一軍統帥的种師中不能說沒有責任。雖說許翰逼他出戰；但將在外，君命有所不受。既然他早就判斷貿然出師必敗，他絕不應意氣用事，把自己及大軍賠上。”种師中兵敗在於“料敵不足和臨陣應變無方。他對於金兵的長短優劣，以及其動向和使用的戰術，沒能作出準確的判斷，而相應地作出禦敵的戰法。”（何冠環：《論靖康之難中的种師道（1051～1126）與种師中（1059～1126）》，收入《北宋武將研究》，香港：中華書局，2003）

八月戊午，許翰罷為延康殿學士。

《宋史》本傳："論益不合，以病去，除延康殿學士、知亳州。坐言者落職，提舉南京鴻慶宮。"按，許翰罷同知樞密院事時間，《宋史》卷23《欽宗紀》、《宋史》卷212《宰輔表》均系于"戊午"，《宋宰輔編年録》卷13系于"己未"，晚"戊午"一日。

《會編》卷56："臣僚上言：'竊聞昨者出師河東，大將种師中全軍陷没，兵威挫衂，太原之圍，卒不能解。仰貽睿聖宵旰之憂，益壯戎虜憑陵之勢。忠義之士，憤懣切齒，曾不知本兵之地，實有以致之也。師中老成持重，號為名將。練達虜情，洞曉軍律。擁數萬之衆，出援孤城，當料敵制勝，臨機應變，以圖萬全之利，必不輕舉妄動，以僥倖速戰之功也。同知樞密院事許翰怯懦寡謀，而好談兵，輒以逗撓不進移文督責，使之出師以贖過。師中素剛，不受迫促，翰從中制之，所不能忍，忘其萬死，以決一戰，卒至敗績。陛下雖已錄其盡忠，然師中含恨地下，而翰之罪曾未暴白，臣實痛之！使翰百輩在朝，何所補？而失一師中，所繫甚重。謹按翰終始蔡京之門，指天誓日，結為死黨。陛下踐阼之初，首叨除召爲御史中丞，未嘗一言以及京、攸之惡。每復平日私讎，聞者莫不憤疾。首薦蔡氏族壻陳求道為臺屬，求道以告訐得罪，雖陛下灼見其姦，不復用，然士論猶為之不平。躐遷樞府，方艱難多事之時，移病謁告，累月不出，今者尚以延康祕職出殿近藩。且翰在言路則黨惡庇姦以欺君，在樞府則妄作生事以悞國，迹其罪狀，夫豈勝誅！伏望睿斷，重賜竄斥，以為懷姦罔上之戒，少贖師中將士九泉之寃。取進止。'奉聖旨，許翰落職與宮祠。"（又見于《靖康要録》［十萬卷樓叢書本］卷10）按，臣僚上奏時間，《靖康要録》系于九月三日，《會編》系于九月十九日，待考。

建炎元年（1127）五月，高宗即位，許翰上表賀。

本集卷3《賀今上皇帝即位》。

五月庚子，吳敏再貶柳州，許翰上書論之。

《宋史》卷24《高宗紀一》："庚子，詔以靖康大臣主和誤國，責李邦彦為建寧軍節度副使，潯州安置；徙吳敏柳州。"許翰上書見本集卷4《論吳敏劄子》："陛下龍興，四海蒙澤，當此時始望生還，而坐城下之盟，復竄嶺表，使其垂白重親，泣血萬里，臣誠傷之。"

六月，許翰復延康殿學士，赴行在。

《建炎以來系年要録》（影印文淵閣四庫全書本）卷 6："（建炎元年六月甲子）太中大夫、提舉南京鴻慶宫許翰復延康殿學士，赴行在。"《建炎時政記》（《全宋筆記》第三編第五冊，鄭州：大象出版社點校本，2008）上："（六月九日）許翰、楊時、晁説之並令乘遞馬，發來赴行在。"

七月癸卯，許翰守尚書右丞。

《建炎以來系年要録》卷 7："（建炎元年七月癸卯）延康殿學士、提舉南京鴻慶宫許翰守尚書右丞。靖康中，李綱與翰同在樞府，知其賢。至是力薦於上，謂翰外柔内剛，學行純美，謀議明決，宜在左右，參決大政。上亦喜其論事，遂用之。"（又見於［清］楊希閔編《李忠定公年譜》，收入《宋人年譜叢刊》第六冊，成都：四川大學出版社，2002）《宋宰輔編年録》卷 14："（翰）與李綱最厚，故復用之。自延康殿學士、太中大夫、提舉鴻慶宫召為尚書右丞。是月，以覃恩除通議大夫。"許翰上書辭免（本集卷 4《辭免尚書右丞劄子》："臣今月六日準尚書省劄子，奉聖旨除尚書右丞者。聞命非常，撫躬自失。"）。按，許翰除尚書右丞月日，李綱系於"八月某日"（《建炎時政記》下："八月某日，三省同奉聖旨，許翰除尚書右丞，差内侍押赴都堂治事。"）

八月乙亥，李綱罷相，許翰上書反對且自請去。

《宋史》卷 24《高宗紀一》："（建炎元年八月）乙亥，用張浚言，罷李綱左僕射。"（李綱罷相日，《宋宰輔編年録》卷 14 系于八月丁丑）。《宋史》本傳："李綱罷，翰言：'綱忠義英發，捨之無以佐中興，今罷綱，臣留無益。'力求去，高宗未許。"

丙戌，充資政殿學士，提舉臨安府洞霄宫，上表謝。

《宋史》卷 24《高宗紀一》："（建炎元年八月）壬午，用黄潛善議，殺上書太學生陳東、崇仁布衣歐陽澈。"《要録》卷 7："（八月）丙戌，尚書右丞許翰充資政殿學士，提舉臨安府洞霄宫。陳東死，翰謂所親曰："吾與東皆爭李相者，今東戮都市，吾在廟堂，可乎?”乃力求去，故有是命。翰之罷，《日曆》在乙酉，今從熊克《小曆》。”（又見於《宋宰輔編年錄》卷14）。本集卷3《謝除資政殿學士宮祠表》、《謝再任宮祠表》、《謝再任宮祠表》。

建炎二年（1128）七月，李綱赴九江，遇許翰，同遊東西二林寺，有詩唱和。

許翰詩歌，現存文集中不載，見於李綱文集之中，題作《方舍舟九江適會僕射相公道過二林得非所期相雇歎息輒為長句用志勝遊且以敘別》（《梁溪集》卷18）李綱亦有唱和（《梁溪先生文集》卷18《道出慶阜偶值崧老右丞同遊東西二林蒙示佳篇輒次來韻》）。

八月，李綱至崇陽，與許翰有書信往來。

《梁溪先生文集》卷110《崇陽與許崧老書》。

十月，李綱移澧州，與許翰互通書信且唱和，許翰贈其所著《春秋集傳》。

《梁溪先生文集》卷110《蒲圻與許崧老書》：“寵賜和篇，辭意高古，殆不容復繼矣，歎仰無喻。近詩文數篇謾往，以資一噱，願勿他示為幸。蒙不鄙，借示《春秋集傳》，使得窺尋聖作，以考聖人筆削褒貶之深意，幸甚。……到澧陽如得少安，杜門省愆，收心反照，以觀四十六年之非。”。

十一月，李綱次岳陽，與許翰有詩唱和。李綱抵澧陽，與許翰書。

《梁溪先生文集》卷23《再次韻崧老見和之作時借春秋集傳又欲借易說故篇中及之》、卷110《澧陽與許崧老書》。

十二月，因張潡言，落職。

《宋宰輔編年錄》卷14：“（建炎）二年十二月，中丞張潡言：‘許翰與李綱最厚，方在樞府，則迫种師中急救太原，致其覆師。及綱作相，引為執政。’翰遂落職。”

建炎三年（1129）正月五日，李綱書跋翰著《春秋集傳》，翰復回書。

《梁谿集》卷163《書襄陵春秋集傳後》。本集卷9《答丞相李伯紀書》：“某悚息，《春秋集傳》遂跋以名言，使非薄凜然增重，幸甚。”

十一日，有詩。

《鳳墅帖》續帖卷4《無題》。

六月乙亥，與永寧長老宗覺書。

本集卷 9《識别永寧長老宗覺書》。

九月，李綱與許翰書論《易》。

《梁溪先生文集》卷 110《海康與許崧老書》、《别幅》。

建炎四年（1130）三月壬申，跋欽宗御書《老子道德經》、《唐十八學士畫贊》等。

本集卷 10《淵聖御書老子道德經唐十八學士畫讚等跋尾》。

秋，為文記《古太玄》。

《游宦紀聞》卷 9。

紹興元年（1131），以正月一日德音，復端明殿學士。

《宋會要輯稿》（北京：中華書局影印版，1956）職官 76 之 41："（紹興元年）八月五日，詔責授寧遠軍節度副使汪伯彥複正議大夫，提舉臨安府洞霄宫。後二十六日，又詔通議大夫、提舉臨安府洞霄宫許翰，中大夫、提舉臨安府洞霄宫李邴，並復端明殿學士。皆以正月一日德音檢舉也。"

三月，浮州瀟湘，得李綱、吳敏書信。

《梁溪先生文集》卷 30《辛亥三月繫舟瀟湘得邵武柳州二丞相正月初書撫事感懷寄此長句》。

十一月乙巳，跋范仲淹墨迹。

本集卷 10《跋范文正公墨迹》。

同年冬，跋司馬光帖。

本集卷 10《跋温公帖》。

本年，李綱居泰寧，與許翰書。

《梁溪先生文集》卷 110《泰寧與許右丞書》。

紹興二年（1132），舟行瀟湘間，得李綱、吳敏二人來信。

《梁溪先生文集》卷 30《辛亥三月擊舟瀟湘得邵武柳州二丞相正月初書撫事感懷寄此長句》。

紹興三年（1133），見陳東書。

《歐陽修撰集》（影印文淵閣四庫全書本）卷 7《哀詞》："紹興三年，始見東書於湖湘。”

五月，自湖北遷居江西，卒於吉州。

《宋宰輔編年錄》卷 14：“（紹興）三年五月，翰自湖北遷居江西。”《要録》卷 66:“戊子，資政殿學士、提舉臨安府洞霄宮許翰薨于吉州。翰以今年七月丙辰轉官致仕。”

按，許翰卒月，《宋史》本傳、《要録》卷 66 均系于五月，《宋宰輔編年錄》卷 14 系于六月，疑誤。

七月，贈五官。

《宋會要輯稿》儀制 11 之 5：“左通議大夫、資政殿學士許翰［紹興］三年七月贈五官。”

後　記

“人生就像巧克力，結果往往出人意料。”這是電影《阿甘正傳》裏面的臺詞，而本書的出版正是完全在我計畫之外。

我是一個比較隨心所欲的人，做學術如同逛公園，全憑個人興趣，遇到喜歡的景致便會駐足欣賞一番，甚至流連忘返；若是沒有感覺，便絲毫不予理會。這種性格使我在學術研究上處於一種飄忽不定的狀態，一旦對某個問題心血來潮，便會投身其中，樂此不疲；但隨著熱情衰退，這個問題不論完成與否，都會被我無期限的擱置，甚至束之高閣。長此以往，我做學術便如同“黑瞎子掰苞米”，看似忙忙碌碌，卻收效甚微。我也很清楚這不利於個人學術發展，但江山易改，本性難移。如《大話西遊》中所言：“就像飛蛾一樣，明知道要受傷，還是會撲到火上，飛蛾就那麼傻!”而本書便正是我一時興致所至的產物。

2011 年出版《呂頤浩年譜》後，原本打算“摟草打兔子”，將呂頤浩文集捎帶著一併整理完成。但過了一段時間後，我之前高漲的情緒卻逐漸消沉下去，最後整理工作完全陷入僵局。“硬撐”了幾天後，我果斷作出了一個決定：與其痛苦的煎熬，不如索性將手頭的工作都拋開，安安靜靜呆在家中做個全職“家庭婦男”。

不做學術的日子感覺很愜意。某天閑來無事亂翻書，無意中看到許翰文集尚無人整理，驀然間心裏竟然十分的興奮，私心想這書若是由自己來做，雖然辛苦些，想必是極好的。主意打定，便立刻開工!

由於本書篇幅不是很大，版本也不複雜，所以整理工作進展的比較順利，更重要的是整個過程中我都是處於一種愉悅放鬆的狀態。但面對完成的書稿，雖然開心，卻也有一種啼笑皆非的感覺：放着更容易操作的呂頤浩文集置之不理，卻寧肯花費更多精力在“陌生”的許翰文集上，不知道算不算自找麻煩？但我很快便釋然了，因為TVB劇中人物經常諄諄提醒我們：“做人嘛，開心就好！”何況聖嚴法師也曾開導人們要“忙得快樂，累得歡喜”。既然我在整理許翰文集過程中收獲了快樂，累也是值得的。

網上說梁朝偉有時閑著悶了，會臨時中午去機場，隨便趕上哪班就搭上哪班機，比如飛到倫敦，獨自蹲在廣場上喂一下午鴿子，不發一語，當晚再飛回香港，當沒事發生過。看到這些，我和我的小夥伴們都驚呆了，這確實是能讓我等小百姓羡慕嫉妒恨的生活。但相比梁朝偉坐飛機喂鴿子的瀟脱，普羅大眾平平淡淡的小日子對我的吸引力更大：每天買買菜，做做飯，收拾收拾屋子，帶帶孩子，陪陪家人，閑來無事發發呆，翻翻閒書，和三五個朋友胡侃一通，偶爾來了興致，捎帶著做點感興趣的題目，健健康康、波瀾不驚地度過一生，我就心滿意足了！

需要説明的是，我並非文獻學專業出身，對於古籍整理也是初次涉獵，再加上完全是利用零敲碎打的時間完成本書，所以其中肯定有諸多尚待改進的地方，本想將其沉澱一下再行出版，但我現在已經意興闌珊。想起我特別喜歡的一部電影中的臺詞：“人生不能像做菜，把所有的料都準備好了才下鍋。”既然筆者水平有限，勉強修改下去充其量不過是愛因斯坦的第二個或第三個小板凳，難以有質的飛躍，不如索性公開出版，虛心接受大家的批評指正。

武俠小説家古龍曾說過：“人的意念都是在一刹那決定的，亙古以來，又有誰能預先知道自己要做什麼呢？在下一刻又會做出什麼樣的舉動？”對我而言，我也不清楚自己的下一本書會是什麼內容，叫什麼名字？不過都無所謂，只要是能讓我享受其中的快樂就好了！“處處逢歸路，頭頭達故鄉。本來成現事，何必待思量？”

癸巳年十月

於河北大學宋史研究中心